TRANZLATY

El idioma es para todos

Język jest dla każdego

El llamado de lo salvaje

Zew krwi

Jack London

Español / Polsku

Hacia lo primitivo
Do prymitywu

Buck no leía los periódicos.

Buck nie czytał gazet.

Si hubiera leído los periódicos habría sabido que se avecinaban problemas.

Gdyby czytał gazety, wiedziałby, że szykują się kłopoty.

Hubo problemas, no sólo para él sino para todos los perros de la marea.

Kłopoty dotyczyły nie tylko jego, ale i każdego psa wodnego.

Todo perro con músculos fuertes y pelo largo y cálido iba a estar en problemas.

Każdy pies o silnych mięśniach, ciepłej i długiej sierści będzie miał kłopoty.

Desde Puget Bay hasta San Diego ningún perro podía escapar de lo que se avecinaba.

Od Puget Bay do San Diego żaden pies nie mógł uciec przed tym, co nadchodziło.

Los hombres, a tientas en la oscuridad del Ártico, encontraron un metal amarillo.

Mężczyźni, błądząc w arktycznej ciemności, znaleźli żółty metal.

Las compañías navieras y de transporte iban en busca del descubrimiento.

Odkryciem tym interesowały się firmy żeglugowe i transportowe.

Miles de hombres se precipitaron hacia el norte.

Tysiące ludzi ruszyło na Północ.

Estos hombres querían perros, y los perros que querían eran perros pesados.

Ci mężczyźni chcieli psów i psy, których chcieli, były ciężkie.

Perros con músculos fuertes para trabajar.

Psy o silnych mięśniach, dzięki którym mogą ciężko pracować.

Perros con abrigos peludos para protegerlos de las heladas.

Psy z futrzaną sierścią chroniącą je przed mrozem.

Buck vivía en una casa grande en el soleado valle de Santa Clara.

Buck mieszkał w dużym domu w słonecznej Dolinie Santa Clara.

El lugar del juez Miller, se llamaba su casa.

Dom sędziego Millera nazywano jego domem.

Su casa estaba apartada de la carretera, medio oculta entre los árboles.

Jego dom stał z dala od drogi, częściowo ukryty wśród drzew.

Se podían ver destellos de la amplia terraza que rodeaba la casa.

Można było dostrzec fragment szerokiej werandy otaczającej dom.

Se accedía a la casa mediante caminos de grava.

Do domu prowadziły żwirowe podjazdy.

Los caminos serpenteaban a través de amplios prados.

Ścieżki wiły się przez rozległe trawniki.

Allá arriba se veían las ramas entrelazadas de altos álamos.

Nad naszymi głowami przeplatały się gałęzie wysokich topoli.

En la parte trasera de la casa las cosas eran aún más espaciosas.

W tylnej części domu było jeszcze przestronniej.

Había grandes establos, donde una docena de mozos de cuadra charlaban.

Były tam duże stajnie, w których rozmawiało kilkunastu stajennych

Había hileras de casas de servicio cubiertas de enredaderas.

Stały tam rzędy domków dla służby porośniętych winoroślą

Y había una interminable y ordenada serie de letrinas.

I była tam nieskończona i uporządkowana kolekcja ubikacji

Largos parrales, verdes pastos, huertos y campos de bayas.

Długie winnice, zielone pastwiska, sady i pola jagodowe.

Luego estaba la planta de bombeo del pozo artesiano.

Następnie znajdowała się tam stacja pompująca wodę do studni artezyjskiej.

Y allí estaba el gran tanque de cemento lleno de agua.

A tam był wielki cementowy zbiornik wypełniony wodą.

Aquí los muchachos del juez Miller dieron su chapuzón matutino.

Oto synowie sędziego Millera biorący poranny prysznic.

Y allí también se refrescaron en la calurosa tarde.

I tam też mogli się ochłodzić w upalne popołudnie.

Y sobre este gran dominio, Buck era quien lo gobernaba todo.

A nad całym tym wielkim terytorium rządził Buck.

Buck nació en esta tierra y vivió aquí todos sus cuatro años.

Buck urodził się na tej ziemi i mieszkał tutaj przez wszystkie cztery lata.

Efectivamente había otros perros, pero realmente no importaban.

Owszem, były też inne psy, ale tak naprawdę nie miały one większego znaczenia.

En un lugar tan vasto como éste se esperaban otros perros.

W tak ogromnym miejscu spodziewano się innych psów.

Estos perros iban y venían, o vivían dentro de las concurridas perreras.

Te psy przychodziły i odchodziły, albo mieszkały w zatłoczonych kojcach.

Algunos perros vivían escondidos en la casa, como Toots e Ysabel.

Niektóre psy mieszkały w ukryciu w domu, tak jak Toots i Ysabel.

Toots era un pug japonés, Ysabel una perra mexicana sin pelo.

Toots był japońskim mopsem, a Ysabel meksykańskim psem bez sierści.

Estas extrañas criaturas rara vez salían de la casa.

Te dziwne stworzenia rzadko wychodziły poza dom.

No tocaron el suelo ni olieron el aire libre del exterior.

Nie dotykały ziemi, ani nie wąchały powietrza na zewnątrz.

También estaban los fox terriers, al menos veinte en número.

Były tam również foksteriery, w liczbie co najmniej dwudziestu.

Estos terriers le ladraron ferozmente a Toots y a Ysabel dentro de la casa.

Te teriery szczekały zawzięcie na Toots i Ysabel, gdy były w domu.

Toots e Ysabel se quedaron detrás de las ventanas, a salvo de todo daño.

Toots i Ysabel pozostały za oknami, bezpieczne od niebezpieczeństwa.

Estaban custodiados por criadas con escobas y trapeadores.

Strzegły ich pokojówki z miotłami i mopami.

Pero Buck no era un perro de casa ni tampoco de perrera.

Ale Buck nie był psem domowym, ani też nie był psem trzymanym w kojcu.

Toda la propiedad pertenecía a Buck como su legítimo reino.

Cała posiadłość należała do Bucka i była jego prawowitym królestwem.

Buck nadaba en el tanque o salía a cazar con los hijos del juez.

Buck pływał w akwarium lub chodził na polowanie z synami sędziego.

Caminaba con Mollie y Alice temprano o tarde.

Spacerował z Mollie i Alice wczesnym rankiem lub późnym wieczorem.

En las noches frías yacía junto al fuego de la biblioteca con el juez.

W chłodne noce leżał przed kominkiem w bibliotece z Sędzią.

Buck llevaba a los nietos del juez en su fuerte espalda.

Buck na swoim silnym grzbiecie woził wnuków sędziego.

Se revolcó en el césped con los niños, vigilándolos de cerca.

Tarzał się w trawie z chłopcami, pilnując ich czujnie.

Se aventuraron hasta la fuente e incluso pasaron por los campos de bayas.

Wybrali się do fontanny i przeszli obok pól jagodowych.

Entre los fox terriers, Buck caminaba siempre con orgullo real.

Wśród foksterierów Buck zawsze kroczył z królewską dumą.

Él ignoró a Toots y Ysabel, tratándolos como si fueran aire.

Zignorował Toots i Ysabel, traktując je jak powietrze.

Buck reinaba sobre todas las criaturas vivientes en la tierra del juez Miller.

Buck sprawował władzę nad wszystkimi istotami żyjącymi na ziemi sędziego Millera.

Él gobernaba a los animales, a los insectos, a los pájaros e incluso a los humanos.

Panował nad zwierzętami, owadami, ptakami, a nawet ludźmi.

El padre de Buck, Elmo, había sido un San Bernardo enorme y leal.

Ojciec Bucka, Elmo, był wielkim i lojalnym bernardynem.

Elmo nunca se apartó del lado del juez y le sirvió fielmente.

Elmo nigdy nie odstępował Sędziego i wiernie mu służył.

Buck parecía dispuesto a seguir el noble ejemplo de su padre.

Wydawało się, że Buck był gotowy pójść w ślady ojca.

Buck no era tan grande: pesaba ciento cuarenta libras.

Buck nie był aż tak duży, ważył sto czterdzieści funtów.

Su madre, Shep, había sido una excelente perra pastor escocesa.

Jego matka, Shep, była wspaniałym szkockim owczarkiem.

Pero incluso con ese peso, Buck caminaba con presencia majestuosa.

Ale nawet przy tej wadze Buck chodził z majestatyczną postawą.

Esto fue gracias a la buena comida y al respeto que siempre recibió.

Wynikało to z dobrego jedzenia i szacunku, jakim zawsze się cieszył.

Durante cuatro años, Buck había vivido como un noble mimado.

Przez cztery lata Buck żył jak rozpieszczony szlachcic.

Estaba orgulloso de sí mismo y hasta era un poco egoísta.

Był z siebie dumny, a nawet lekko egoistyczny.

Ese tipo de orgullo era común entre los señores de países remotos.

Tego rodzaju duma była powszechna wśród odległych
właścicieli ziemskich.

**Pero Buck se salvó de convertirse en un perro doméstico
mimado.**

Jednak Buck uchronił się przed zostaniem rozpieszczonym
psem domowym.

Se mantuvo delgado y fuerte gracias a la caza y el ejercicio.

Dzięki polowaniom i ćwiczeniom zachował szczupłą i silną
sylwetkę.

**Amaba profundamente el agua, como la gente que se baña
en lagos fríos.**

Kochał wodę całym sercem, jak ludzie kąpiący się w zimnych
jeziorach.

**Este amor por el agua mantuvo a Buck fuerte y muy
saludable.**

Miłość do wody sprawiała, że Buck był silny i zdrowy.

**Éste era el perro en que se había convertido Buck en el otoño
de 1897.**

Właśnie w takiego psa zamienił się Buck jesienią 1897 roku.

**Cuando la huelga de Klondike arrastró a los hombres hacia
el gélido Norte.**

Kiedy uderzenie pioruna z Klondike przyciągnęło ludzi na
mroźną Północ.

**La gente acudió en masa desde todos los rincones del mundo
hacia aquella tierra fría.**

Ludzie z całego świata przybywali do zimnej krainy.

**Buck, sin embargo, no leía los periódicos ni entendía las
noticias.**

Buck jednak nie czytał gazet i nie rozumiał wiadomości.

Él no sabía que Manuel era un mal hombre con quien estar.

Nie wiedział, że Manuel jest złym człowiekiem.

**Manuel, que ayudaba en el jardín, tenía un problema
profundo.**

Manuel, który pomagał w ogrodzie, miał poważny problem.

Manuel era adicto al juego de la lotería china.

Manuel był uzależniony od hazardu w chińskiej loterii.

También creía firmemente en un sistema fijo para ganar.

Wierzył także mocno w ustalony system wygrywania.

Esa creencia hizo que su fracaso fuera seguro e inevitable.

To przekonanie uczyniło jego porażkę pewną i nieuniknioną.

Jugar con un sistema exige dinero, del que Manuel carecía.

Granie w ten system wymaga pieniędzy, których Manuelowi brakowało.

Su salario apenas alcanzaba para mantener a su esposa y a sus numerosos hijos.

Jego zarobki ledwo wystarczały na utrzymanie żony i licznego grona dzieci.

La noche en que Manuel traicionó a Buck, las cosas estaban normales.

W noc, kiedy Manuel zdradził Bucka, wszystko było normalne.

El juez estaba en una reunión de la Asociación de Productores de Pasas.

Sędzia był na spotkaniu Stowarzyszenia Plantatorów Rodzynek.

Los hijos del juez estaban entonces ocupados formando un club atlético.

Synowie sędziego byli wówczas zajęci zakładaniem klubu sportowego.

Nadie vio a Manuel y Buck salir por el huerto.

Nikt nie widział Manuela i Bucka wychodzących przez sad.

Buck pensó que esta caminata era simplemente un simple paseo nocturno.

Buck myślał, że ten spacer będzie po prostu zwykłym nocnym spacerem.

Se encontraron con un solo hombre en la estación de la bandera, en College Park.

Spotkali tylko jednego mężczyznę na stacji flagowej w College Park.

Ese hombre habló con Manuel y intercambiaron dinero.

Ten mężczyzna rozmawiał z Manuelem i wymienili się pieniędzmi.

"Envuelva la mercancía antes de entregarla", sugirió.

„Zapakuj towar przed dostarczeniem" – zasugerował.

La voz del hombre era áspera e impaciente mientras hablaba.

Głos mężczyzny był szorstki i niecierpliwy, gdy mówił.

Manuel ató cuidadosamente una cuerda gruesa alrededor del cuello de Buck.

Manuel ostrożnie zawiązał grubą linę wokół szyi Bucka.

"Si retuerces la cuerda, lo estrangularás bastante"

„Skręć linę, a go mocno udusisz"

El extraño emitió un gruñido, demostrando que entendía bien.

Nieznajomy chrząknął, pokazując, że dobrze zrozumiał.

Buck aceptó la cuerda con calma y tranquila dignidad ese día.

Tego dnia Buck przyjął linę ze spokojem i cichą godnością.

Fue un acto inusual, pero Buck confiaba en los hombres que conocía.

Było to niezwykłe posunięcie, ale Buck ufał ludziom, których znał.

Él creía que su sabiduría iba mucho más allá de su propio pensamiento.

Wierzył, że ich mądrość wykracza daleko poza jego własne myślenie.

Pero entonces la cuerda fue entregada a manos del extraño.

Ale potem lina została przekazana w ręce nieznajomego.

Buck emitió un gruñido bajo que advertía con una amenaza silenciosa.

Buck wydał z siebie niski warkot, w którym było słychać ostrzegawcze, ciche zagrożenie.

Era orgulloso y autoritario y quería mostrar su descontento.

Był dumny i władczy, i chciał okazać swoje niezadowolenie.

Buck creyó que su advertencia sería entendida como una orden.

Buck był przekonany, że jego ostrzeżenie zostanie zrozumiane jako rozkaz.

Para su sorpresa, la cuerda se tensó rápidamente alrededor de su grueso cuello.

Ku jego zaskoczeniu, lina zacisnęła się mocno wokół jego grubej szyi.

Se quedó sin aire y comenzó a luchar con una furia repentina.

Stracił dopływ powietrza i zaczął walczyć w nagłym przypływie wściekłości.

Saltó hacia el hombre, quien rápidamente se encontró con Buck en el aire.

Skoczył na mężczyznę, który szybko spotkał się z Buckiem w locie.

El hombre agarró la garganta de Buck y lo retorció hábilmente en el aire.

Mężczyzna złapał Bucka za gardło i zręcznie wykręcił mu ciało w powietrzu.

Buck fue arrojado al suelo con fuerza, cayendo de espaldas.

Buck został rzucony na ziemię i wylądował płasko na plecach.

La cuerda ahora lo estrangulaba cruelmente mientras él pateaba salvajemente.

Lina dusiła go teraz boleśnie, podczas gdy on kopał jak szalony.

Se le cayó la lengua, su pecho se agitó, pero no recuperó el aliento.

Język mu wypadł, pierś unosiła się i opadała, ale nie mógł złapać oddechu.

Nunca había sido tratado con tanta violencia en su vida.

Nigdy w życiu nie spotkał się z tak brutalnym traktowaniem.

Tampoco nunca antes se había sentido tan lleno de furia.

Nigdy wcześniej nie czuł tak głębokiej wściekłości.

Pero el poder de Buck se desvaneció y sus ojos se volvieron vidriosos.

Jednak moc Bucka osłabła, a jego oczy zrobiły się szklane.

Se desmayó justo cuando un tren se detuvo cerca.

Zemdlał akurat w chwili, gdy w pobliżu zatrzymano pociąg.

Luego los dos hombres lo arrojaron rápidamente al vagón de equipaje.

Następnie dwaj mężczyźni szybko wrzucili go do wagonu bagażowego.

Lo siguiente que sintió Buck fue dolor en su lengua hinchada.

Następną rzeczą, jaką poczuł Buck, był ból w spuchniętym języku.

Se desplazaba en un carro tambaleante, apenas consciente.

Poruszał się na trzęsącym się wózku, ledwie przytomny.

El agudo grito del silbato del tren le indicó a Buck su ubicación.

Głośny dźwięk gwizdka pociągu wskazał Buckowi jego lokalizację.

Había viajado muchas veces con el Juez y conocía esa sensación.

Często jeździł z Sędzią i znał to uczucie.

Fue una experiencia única viajar nuevamente en un vagón de equipajes.

To było niesamowite przeżycie, gdy znów podróżowałem wagonem bagażowym.

Buck abrió los ojos y su mirada ardía de rabia.

Buck otworzył oczy, a jego spojrzenie płonęło wściekłością.

Esta fue la ira de un rey orgulloso destronado.

To był gniew dumnego króla, strąconego z tronu.

Un hombre intentó agarrarlo, pero Buck lo atacó primero.

Jakiś mężczyzna wyciągnął rękę, żeby go złapać, ale Buck zaatakował pierwszy.

Hundió los dientes en la mano del hombre y la sujetó con fuerza.

Zatopił zęby w dłoni mężczyzny i mocno ją ścisnął.

No lo soltó hasta que se desmayó por segunda vez.

Nie puścił mnie, dopóki nie stracił przytomności po raz drugi.

—Sí, tiene ataques —murmuró el hombre al maletero.

„Tak, ma napady" – mruknął mężczyzna do bagażowego.

El maletero había oído la lucha y se acercó.

Bagażowy usłyszał odgłosy walki i podszedł bliżej.

"Lo llevaré a Frisco para el jefe", explicó el hombre.

„Zabieram go do Frisco dla szefa" – wyjaśnił mężczyzna.

"Allí hay un buen veterinario que dice poder curarlos".

„Jest tam świetny lekarz-ps, który twierdzi, że potrafi je wyleczyć."

Más tarde esa noche, el hombre dio su propio relato completo.

Później tej samej nocy mężczyzna złożył własną, szczegółową relację.

Habló desde un cobertizo detrás de un salón en los muelles.

Przemawiał z szopy za saloonem na nabrzeżu.

"Lo único que me dieron fueron cincuenta dólares", se quejó al tabernero.

„Dano mi tylko pięćdziesiąt dolarów" – poskarżył się właścicielowi saloonu.

"No lo volvería a hacer ni por mil dólares en efectivo".

„Nie zrobiłbym tego ponownie, nawet za tysiąc w gotówce".

Su mano derecha estaba fuertemente envuelta en un paño ensangrentado.

Jego prawa ręka była ciasno owinięta zakrwawioną tkaniną.

La pernera de su pantalón estaba abierta de par en par desde la rodilla hasta el pie.

Jego nogawka była szeroko rozdarta od kolana do stopy.

—¿Cuánto le pagaron al otro tipo? —preguntó el tabernero.

„Ile zarobił ten drugi facet?" – zapytał właściciel saloonu.

"Cien", respondió el hombre, "no aceptaría ni un centavo menos".

„Sto" – odpowiedział mężczyzna – „nie wziąłby ani centa mniej".

—Eso suma ciento cincuenta —dijo el tabernero.

„To daje sto pięćdziesiąt" – powiedział właściciel saloonu.

"Y él lo vale todo, o no soy más que un idiota".

„I on jest tego wszystkiego wart, w przeciwnym razie jestem niczym więcej niż tępym durniem".

El hombre abrió los envoltorios para examinar su mano.

Mężczyzna otworzył opakowanie, aby obejrzeć swoją dłoń.

La mano estaba gravemente desgarrada y cubierta de sangre seca.

Ręka była poważnie rozdarta i pokryta zaschniętą krwią.

"Si no consigo la hidrofobia…" empezó a decir.

„Jeśli nie dostanę wścieklizny…" zaczął mówić.

"Será porque naciste para la horca", dijo entre risas.

„To dlatego, że urodziłeś się, by wisieć" – rozległ się śmiech.

"Ven a ayudarme antes de irte", le pidieron.

„Przyjdź i pomóż mi, zanim pójdziesz" – poproszono go.

Buck estaba aturdido por el dolor en la lengua y la garganta.

Buck był oszołomiony bólem języka i gardła.

Estaba medio estrangulado y apenas podía mantenerse en pie.

Był na wpół uduszony i ledwo mógł ustać na nogach.

Aún así, Buck intentó enfrentar a los hombres que lo habían lastimado.

Buck nadal próbował stawić czoła ludziom, którzy go tak skrzywdzili.

Pero lo derribaron y lo estrangularon una vez más.

Jednak oni znowu go przewrócili i udusili.

Sólo entonces pudieron quitarle el pesado collar de bronce.

Dopiero wtedy mogli odciąć mu ciężki mosiężny kołnierz.

Le quitaron la cuerda y lo metieron en una caja.

Zdjęli mu linę i wrzucili do skrzyni.

La caja era pequeña y tenía la forma de una tosca jaula de hierro.

Skrzynia była mała i miała kształt prostej żelaznej klatki.

Buck permaneció allí toda la noche, lleno de ira y orgullo herido.

Buck leżał tam całą noc, przepełniony gniewem i zranioną dumą.

No podía ni siquiera empezar a comprender lo que le estaba pasando.

Nie mógł pojąć, co się z nim dzieje.

¿Por qué estos hombres extraños lo mantenían en esa pequeña caja?

Dlaczego ci obcy mężczyźni trzymali go w tej małej klatce?

¿Qué querían de él y por qué este cruel cautiverio?

Czego od niego chcieli i dlaczego skazali go na tak okrutną niewolę?

Sintió una presión oscura; una sensación de desastre que se acercaba.

Poczuł mroczną presję; przeczucie, że katastrofa jest coraz bliżej.

Era un miedo vago, pero que se apoderó pesadamente de su espíritu.

Był to nieokreślony strach, ale mocno zakorzenił się w jego duszy.

Saltó varias veces cuando la puerta del cobertizo vibró.

Kilkakrotnie podskakiwał, gdy drzwi szopy zatrzeszczały.

Esperaba que el juez o los muchachos aparecieran y lo rescataran.

Spodziewał się, że sędzia lub chłopcy przyjdą i go uratują.

Pero cada vez sólo se asomaba el rostro gordo del tabernero.

Ale za każdym razem do środka zaglądała tylko tłusta twarz właściciela saloonu.

El rostro del hombre estaba iluminado por el tenue resplandor de una vela de sebo.

Twarz mężczyzny oświetlał słaby blask łojowej świecy.

Cada vez, el alegre ladrido de Buck cambiaba a un gruñido bajo y enojado.

Za każdym razem radosne szczekanie Bucka zmieniało się w niskie, gniewne warczenie.

El tabernero lo dejó solo durante la noche en el cajón.

Właściciel saloonu zostawił go samego na noc w skrzyni

Pero cuando se despertó por la mañana, venían más hombres.

Ale gdy się rano obudził, nadchodziło więcej mężczyzn.

Llegaron cuatro hombres y recogieron la caja con cuidado y sin decir palabra.

Przyszło czterech mężczyzn i ostrożnie, nie mówiąc ani słowa, podnieśli skrzynię.

Buck supo de inmediato en qué situación se encontraba.

Buck od razu zdał sobie sprawę z sytuacji, w jakiej się znalazł.

Eran otros torturadores contra los que tenía que luchar y a los que tenía que temer.

Byli oni dla niego kolejnymi prześladowcami, z którymi musiał walczyć i których musiał się bać.

Estos hombres parecían malvados, andrajosos y muy mal arreglados.

Ci mężczyźni wyglądali groźnie, byli obdarci i bardzo źle ubrani.

Buck gruñó y se abalanzó sobre ellos ferozmente a través de los barrotes.

Buck warknął i rzucił się na nich z wściekłością przez kraty.

Ellos simplemente se rieron y lo golpearon con largos palos de madera.

Oni tylko się śmiali i dźgali go długimi, drewnianymi kijami.

Buck mordió los palos y luego se dio cuenta de que eso era lo que les gustaba.

Buck ugryzł patyki, ale potem zrozumiał, że to właśnie one lubią.

Así que se quedó acostado en silencio, hosco y ardiendo de rabia silenciosa.

Więc położył się spokojnie, ponury i płonący cichą wściekłością.

Subieron la caja a un carro y se fueron con él.

Załadowali skrzynię na wóz i odjechali.

La caja, con Buck encerrado dentro, cambiaba de manos a menudo.

Skrzynia, w której znajdował się zamknięty Buck, często zmieniała właścicieli.

Los empleados de la oficina exprés se hicieron cargo de él y lo atendieron brevemente.

Pracownicy biura ekspresowego przejęli sprawę i krótko się nią zajęli.

Luego, otro carro transportó a Buck a través de la ruidosa ciudad.

Potem inny wóz wiózł Bucka przez hałaśliwe miasto.

Un camión lo llevó con cajas y paquetes a un ferry.

Ciężarówka zabrała go wraz z pudełkami i paczkami na prom.

Después de cruzar, el camión lo descargó en una estación ferroviaria.

Po przekroczeniu granicy ciężarówka wysadziła go na dworcu kolejowym.

Finalmente, colocaron a Buck dentro de un vagón expreso que lo esperaba.

Na koniec Buck został umieszczony w czekającym wagonie ekspresowym.

Durante dos días y dos noches, los trenes arrastraron el vagón expreso.

Przez dwie doby pociągi odciągały wagon ekspresowy.

Buck no comió ni bebió durante todo el doloroso viaje.

Buck nie jadł i nie pił przez całą bolesną podróż.

Cuando los mensajeros expresos intentaron acercarse a él, gruñó.

Kiedy kurierzy próbowali się do niego zbliżyć, warknął.

Ellos respondieron burlándose de él y molestándolo cruelmente.

W odpowiedzi naśmiewali się z niego i okrutnie go prześladowali.

Buck se arrojó contra los barrotes, echando espuma y temblando.

Buck rzucił się na kraty, pieniąc się i trzęsąc

Se rieron a carcajadas y se burlaron de él como matones del patio de la escuela.

śmiali się głośno i drwili z niego jak szkolni łobuzi.

Ladraban como perros de caza y agitaban los brazos.

Szczekali jak sztuczne psy i machali rękami.

Incluso cantaron como gallos sólo para molestarlo más.

Nawet piały jak koguty, żeby go jeszcze bardziej zdenerwować.

Fue un comportamiento tonto y Buck sabía que era ridículo.

To było głupie zachowanie i Buck wiedział, że jest śmieszne.

Pero eso sólo profundizó su sentimiento de indignación y vergüenza.

Ale to tylko pogłębiło jego poczucie oburzenia i wstydu.

Durante el viaje no le molestó mucho el hambre.

Podczas podróży głód nie dokuczał mu zbytnio.

Pero la sed traía consigo un dolor agudo y un sufrimiento insoportable.

Jednak pragnienie powodowało ostry ból i nieznośne cierpienie.

Su garganta y lengua secas e inflamadas ardían de calor.

Jego suche, zapalone gardło i język paliły się od gorąca.

Este dolor alimentó la fiebre que crecía dentro de su orgulloso cuerpo.

Ból ten podsycał gorączkę narastającą w jego dumnym ciele.

Buck estuvo agradecido por una sola cosa durante esta prueba.

Podczas tego procesu Buck był wdzięczny za jedną rzecz.

Le habían quitado la cuerda que le rodeaba el grueso cuello.

Zdjęto mu linę z grubej szyi.

La cuerda había dado a esos hombres una ventaja injusta y cruel.

Lina dała tym mężczyznom niesprawiedliwą i okrutną przewagę.

Ahora la cuerda había desaparecido y Buck juró que nunca volvería.

Teraz liny nie było i Buck przysiągł, że nigdy nie wróci.

Decidió que nunca más volvería a pasarle una cuerda al cuello.

Postanowił, że nigdy więcej nie zawiąże sobie liny wokół szyi.

Durante dos largos días y noches sufrió sin comer.

Przez dwie długie dni i noce cierpiał bez jedzenia.

Y en esas horas se fue acumulando en su interior una rabia enorme.

A w tych godzinach narastała w nim ogromna wściekłość.

Sus ojos se volvieron inyectados en sangre y salvajes por la ira constante.

Jego oczy zrobiły się przekrwione i dzikie od nieustannego gniewu.

Ya no era Buck, sino un demonio con mandíbulas chasqueantes.

Nie był już Buckiem, ale demonem o kłapiących szczękach.

Ni siquiera el juez habría reconocido a esta loca criatura.

Nawet Sędzia nie poznałby tego szalonego stworzenia.

Los mensajeros exprés suspiraron aliviados cuando llegaron a Seattle.

Kurierzy ekspresowi odetchnęli z ulgą, gdy dotarli do Seattle

Cuatro hombres levantaron la caja y la llevaron a un patio trasero.

Czterech mężczyzn podniosło skrzynię i przeniosło ją na podwórko.

El patio era pequeño, rodeado de muros altos y sólidos.

Podwórko było małe, otoczone wysokimi i solidnymi murami.

Un hombre corpulento salió con una camisa roja holgada.

Wyszedł wielki mężczyzna w obwisłej czerwonej koszuli-swetrze.

Firmó el libro de entrega con letra gruesa y atrevida.

Podpisał księgę dostaw grubym i wyraźnym pismem.

Buck sintió de inmediato que este hombre era su próximo torturador.

Buck od razu wyczuł, że ten człowiek będzie jego następnym prześladowcą.

Se abalanzó violentamente contra los barrotes, con los ojos rojos de furia.

Rzucił się gwałtownie na kraty, jego oczy były czerwone ze złości.

El hombre simplemente sonrió oscuramente y fue a buscar un hacha.

Mężczyzna tylko uśmiechnął się ponuro i poszedł po siekierę.

También traía un garrote en su gruesa y fuerte mano derecha.

W prawej, grubej i silnej ręce trzymał także pałkę.

"¿Vas a sacarlo ahora?" preguntó preocupado el conductor.

„Zamierzasz go teraz wyprowadzić?" – zapytał zaniepokojony kierowca.

—Claro —dijo el hombre, metiendo el hacha en la caja a modo de palanca.

„Jasne" – powiedział mężczyzna, wbijając siekierę w skrzynię jako dźwignię.

Los cuatro hombres se dispersaron instantáneamente y saltaron al muro del patio.

Czterech mężczyzn rozbiegło się natychmiast i wskoczyło na mur otaczający podwórze.

Desde sus lugares seguros arriba, esperaban para observar el espectáculo.

Ze swoich bezpiecznych miejsc na górze czekali, aby oglądać widowisko.

Buck se abalanzó sobre la madera astillada, mordiéndola y sacudiéndola ferozmente.

Buck rzucił się na drzazgi, gryząc i potrząsając nimi zawzięcie.

Cada vez que el hacha golpeaba la jaula, Buck estaba allí para atacarla.

Za każdym razem, gdy topór uderzał w klatkę, Buck był tam, aby ją zaatakować.

Gruñó y chasqueó los dientes con furia salvaje, ansioso por ser liberado.

Warczał i rzucał się z dziką wściekłością, pragnąc jak najszybciej zostać uwolnionym.

El hombre que estaba afuera estaba tranquilo y firme, concentrado en su tarea.

Mężczyzna na zewnątrz był spokojny i opanowany, skupiony na swoim zadaniu.

"Muy bien, demonio de ojos rojos", dijo cuando el agujero fue grande.

„No dobrze, czerwonooki diable" – powiedział, gdy dziura była już duża.

Dejó caer el hacha y tomó el garrote con su mano derecha.

Upuścił topór i wziął pałkę w prawą rękę.

Buck realmente parecía un demonio; con los ojos inyectados en sangre y llameantes.

Buck rzeczywiście wyglądał jak diabeł; jego oczy były nabiegłe krwią i płonęły.

Su pelaje se erizó, le salía espuma por la boca y sus ojos brillaban.

Jego sierść była zjeżona, piana pieniła się na pysku, a oczy błyszczały.

Tensó los músculos y se lanzó directamente hacia el suéter rojo.

Napiął mięśnie i rzucił się prosto na czerwony sweter.

Ciento cuarenta libras de furia volaron hacia el hombre tranquilo.

Sto czterdzieści funtów wściekłości poleciało w stronę spokojnego człowieka.

Justo antes de que sus mandíbulas se cerraran, un golpe terrible lo golpeó.

Tuż przed tym, jak jego szczęki się zacisnęły, otrzymał straszliwy cios.

Sus dientes chasquearon al chocar contra nada más que el aire.

Jego zęby zacisnęły się na samym powietrzu

Una sacudida de dolor resonó a través de su cuerpo

wstrząs bólu przeszył jego ciało

Dio una vuelta en el aire y se estrelló sobre su espalda y su costado.

Obrócił się w powietrzu i upadł na plecy i bok.

Nunca antes había sentido el golpe de un garrote y no podía agarrarlo.

Nigdy wcześniej nie poczuł uderzenia kijem i nie potrafił tego pojąć.

Con un gruñido estridente, mitad ladrido, mitad grito, saltó de nuevo.

Z wrzaskiem, który był częściowo szczekaniem, częściowo krzykiem, skoczył ponownie.

Otro golpe brutal lo alcanzó y lo arrojó al suelo.

Kolejny brutalny cios powalił go na ziemię.

Esta vez Buck lo entendió: era el pesado garrote del hombre.

Tym razem Buck zrozumiał — to była wina ciężkiego pałki tego mężczyzny.

Pero la rabia lo cegó y no pensó en retirarse.

Lecz wściekłość go zaślepiła i nie myślał o ucieczce.

Doce veces se lanzó y doce veces cayó.

Dwanaście razy rzucał się i dwanaście razy upadał.

El palo de madera lo golpeaba cada vez con una fuerza despiadada y aplastante.

Drewniana maczuga miażdżyła go za każdym razem z bezlitosną, miażdżącą siłą.

Después de un golpe feroz, se tambaleó hasta ponerse de pie, aturdido y lento.

Po jednym silnym ciosie podniósł się na nogi, oszołomiony i powolny.

Le salía sangre de la boca, de la nariz y hasta de las orejas.

Krew ciekła mu z ust, nosa, a nawet z uszu.

Su pelaje, otrora hermoso, estaba manchado de espuma sanguinolenta.

Jego niegdyś piękna sierść była umazana krwawą pianą.

Entonces el hombre se adelantó y le dio un golpe tremendo en la nariz.

Wtedy mężczyzna wystąpił i zadał potężny cios w nos.

La agonía fue más aguda que cualquier cosa que Buck hubiera sentido jamás.

Ból był silniejszy niż wszystko, co Buck kiedykolwiek czuł.

Con un rugido más de bestia que de perro, saltó nuevamente para atacar.

Z rykiem bardziej zwierzęcym niż psim skoczył ponownie, by zaatakować.

Pero el hombre se agarró la mandíbula inferior y la torció hacia atrás.

Jednak mężczyzna złapał się za dolną szczękę i wykręcił ją do tyłu.

Buck se dio una vuelta de cabeza y volvió a caer con fuerza.

Buck przewrócił się do góry nogami i znów upadł z impetem.

Una última vez, Buck cargó contra él, ahora apenas capaz de mantenerse en pie.

Buck rzucił się na niego po raz ostatni, ledwo trzymając się na nogach.

El hombre atacó con una sincronización experta, dando el golpe final.

Mężczyzna uderzył z mistrzowskim wyczuciem czasu, zadając ostateczny cios.

Buck se desplomó en un montón, inconsciente e inmóvil.

Buck padł nieprzytomny i nieruchomy.

"No es ningún inútil a la hora de domar perros, eso es lo que digo", gritó un hombre.

„On nie jest żadnym łajdakiem w tresurze psów, oto co mówię" – krzyknął mężczyzna.

"Druther puede quebrar la voluntad de un perro cualquier día de la semana".

„Druther może złamać wolę psa każdego dnia tygodnia".

"¡Y dos veces el domingo!" añadió el conductor.

„I dwa razy w niedzielę!" – dodał kierowca.

Se subió al carro y tiró de las riendas para partir.

Wsiadł do wozu i strzelił lejcami, szykując się do odjazdu.

Buck recuperó lentamente el control de su conciencia.

Buck powoli odzyskał kontrolę nad swoją świadomością

Pero su cuerpo todavía estaba demasiado débil y roto para moverse.

lecz jego ciało było nadal zbyt słabe i połamane, aby móc się ruszyć.

Se quedó donde había caído, observando al hombre del suéter rojo.

Leżał tam, gdzie upadł, i patrzył na mężczyznę w czerwonym swetrze.

"Responde al nombre de Buck", dijo el hombre, leyendo en voz alta.

„Reaguje na imię Buck" – przeczytał mężczyzna na głos.

Citó la nota enviada con la caja de Buck y los detalles.

Zacytował fragment notatki dołączonej do skrzyni Bucka i innych szczegółów.

—Bueno, Buck, muchacho —continuó el hombre con tono amistoso—.

„Cóż, Buck, mój chłopcze" – kontynuował mężczyzna przyjaznym tonem,

"Hemos tenido nuestra pequeña pelea y ahora todo ha terminado entre nosotros".

„Mieliśmy małą kłótnię i teraz jest już między nami koniec".

"Tú has aprendido cuál es tu lugar y yo he aprendido cuál es el mío", añadió.

„Ty poznałeś swoje miejsce, a ja poznałem swoje" – dodał.

"Sé bueno y todo irá bien y la vida será placentera".

„Bądź dobry, a wszystko pójdzie dobrze i życie będzie przyjemne."

"Pero si te portas mal, te daré una paliza, ¿entiendes?"

„Ale jeśli będziesz niegrzeczny, to zbiję cię na kwaśne jabłko, rozumiesz?"

Mientras hablaba, extendió la mano y acarició la cabeza dolorida de Buck.

Mówiąc to, wyciągnął rękę i pogłaskał Bucka po obolałej głowie.

El cabello de Buck se erizó ante el toque del hombre, pero no se resistió.

Włosy Bucka stanęły dęba pod wpływem dotyku mężczyzny, ale nie stawiał oporu.

El hombre le trajo agua, que Buck bebió a grandes tragos.

Mężczyzna przyniósł mu wody, którą Buck wypił wielkimi łykami.

Luego vino la carne cruda, que Buck devoró trozo a trozo.

Potem podano surowe mięso, które Buck pożerał kawałek po kawałku.

Sabía que estaba derrotado, pero también sabía que no estaba roto.

Wiedział, że został pokonany, ale wiedział też, że nie jest złamany.

No tenía ninguna posibilidad contra un hombre armado con un garrote.

Nie miał szans w walce z mężczyzną uzbrojonym w pałkę.

Había aprendido la verdad y nunca olvidó esa lección.

Poznał prawdę i nigdy nie zapomniał tej lekcji.

Esa arma fue el comienzo de la ley en el nuevo mundo de Buck.

Ta broń była początkiem prawa w nowym świecie Bucka.

Fue el comienzo de un orden duro y primitivo que no podía negar.

To był początek surowego, prymitywnego porządku, którego nie mógł zaprzeczyć.

Aceptó la verdad; sus instintos salvajes ahora estaban despiertos.

Zaakceptował prawdę; jego dzikie instynkty znów się obudziły.

El mundo se había vuelto más duro, pero Buck lo afrontó con valentía.

Świat stał się trudniejszy, ale Buck dzielnie stawił mu czoła.

Afrontó la vida con nueva cautela, astucia y fuerza silenciosa.

Podchodził do życia z nową ostrożnością, przebiegłością i cichą siłą.

Llegaron más perros, atados con cuerdas o cajas como había estado Buck.

Przybyło więcej psów, przywiązanych linami lub w klatkach, tak jak Buck.

Algunos perros llegaron con calma, otros se enfurecieron y pelearon como bestias salvajes.

Niektóre psy podchodziły spokojnie, inne wściekały się i walczyły jak dzikie bestie.

Todos ellos quedaron bajo el dominio del hombre del suéter rojo.

Wszyscy zostali poddani władzy człowieka w czerwonym swetrze.

Cada vez, Buck observaba y veía cómo se desarrollaba la misma lección.

Za każdym razem Buck obserwował i widział, że rozwija się ta sama lekcja.

El hombre con el garrote era la ley, un amo al que había que obedecer.

Człowiek z pałką był prawem; panem, któremu należało posłuszeństwo.

No necesitaba ser querido, pero sí obedecido.

Nie potrzebował być lubianym, ale musiał być posłuszny.

Buck nunca adulaba ni meneaba la cola como lo hacían los perros más débiles.

Buck nigdy nie płaszczył się i nie merdał ogonem, tak jak robiły to słabsze psy.

Vio perros que estaban golpeados y todavía lamían la mano del hombre.

Widział psy, które były bite i nadal lizały rękę mężczyzny.

Vio un perro que no obedecía ni se sometía en absoluto.

Zobaczył jednego psa, który wcale nie chciał słuchać i się podporządkować.

Ese perro luchó hasta que murió en la batalla por el control.

Ten pies walczył, aż zginął w walce o władzę.

A veces, desconocidos venían a ver al hombre del suéter rojo.

Czasami przychodzili obcy ludzie, żeby zobaczyć mężczyznę w czerwonym swetrze.

Hablaban en tonos extraños, suplicando, negociando y riendo.

Rozmawiali dziwnym tonem, błagalnie, targując się i śmiejąc.

Cuando se intercambiaba dinero, se iban con uno o más perros.

Po wymianie pieniędzy odchodzili zabierając ze sobą jednego lub więcej psów.

Buck se preguntó a dónde habían ido esos perros, pues ninguno regresaba jamás.

Buck zastanawiał się, dokąd poszły te psy, ponieważ żaden nigdy nie wrócił.

El miedo a lo desconocido llenaba a Buck cada vez que un hombre extraño se acercaba.

strach przed nieznanym ogarniał Bucka za każdym razem, gdy pojawiał się obcy mężczyzna

Se alegraba cada vez que se llevaban a otro perro en lugar de a él mismo.

cieszył się za każdym razem, gdy zabierano innego psa, a nie jego.

Pero finalmente, llegó el turno de Buck con la llegada de un hombre extraño.

W końcu jednak nadeszła kolej na Bucka, wraz z przybyciem dziwnego mężczyzny.

Era pequeño, fibroso y hablaba un inglés deficiente y decía palabrotas.

Był niski, chudy, mówił łamaną angielszczyzną i przeklinał.

—¡Sacredam! —gritó cuando vio el cuerpo de Buck.

„Sacredam!" krzyknął, gdy zobaczył sylwetkę Bucka.

—¡Qué perro tan bravucón! ¿Eh? ¿Cuánto? —preguntó en voz alta.

„To cholerny pies-łobuz! Co? Ile?" – zapytał głośno.

"Trescientos, y es un regalo a ese precio".

„Trzysta, a za taką cenę to prezent"

—Como es dinero del gobierno, no deberías quejarte, Perrault.

„Skoro to rządowe pieniądze, nie powinieneś narzekać, Perrault."

Perrault sonrió ante el trato que acababa de hacer con aquel hombre.

Perrault uśmiechnął się na myśl o umowie, którą właśnie zawarł z tym mężczyzną.

El precio de los perros se disparó debido a la repentina demanda.

Ceny psów gwałtownie wzrosły z powodu nagłego wzrostu popytu.

Trescientos dólares no era injusto para una bestia tan bella.

Trzysta dolarów to nie była niesprawiedliwa cena za tak piękne zwierzę.

El gobierno canadiense no perdería nada con el acuerdo

Rząd Kanady nie straciłby nic na tej umowie

Además sus despachos oficiales tampoco sufrirían demoras en el tránsito.

Ich oficjalne przesyłki również nie ulegną opóźnieniom w transporcie.

Perrault conocía bien a los perros y podía ver que Buck era algo raro.

Perrault dobrze znał psy i widział, że Buck był kimś wyjątkowym.

"Uno entre diez diez mil", pensó mientras estudiaba la complexión de Buck.

„Jeden na dziesięć tysięcy" – pomyślał, przyglądając się budowie ciała Bucka.

Buck vio que el dinero cambiaba de manos, pero no mostró sorpresa.

Buck widział, jak pieniądze zmieniają właściciela, ale nie okazał zaskoczenia.

Pronto él y Curly, un gentil Terranova, fueron llevados lejos.

Wkrótce on i Curly, łagodny nowofundland, zostali zabrani.

Siguieron al hombrecito desde el patio del suéter rojo.

Poszli za małym człowiekiem z podwórka czerwonego swetra.

Esa fue la última vez que Buck vio al hombre con el garrote de madera.

To był ostatni raz, kiedy Buck widział mężczyznę z drewnianą maczugą.

Desde la cubierta del Narwhal vio cómo Seattle se desvanecía en la distancia.

Z pokładu Narwala obserwował, jak Seattle znika w oddali.

También fue la última vez que vio las cálidas tierras del Sur.

Był to również jego ostatni raz, kiedy widział ciepłe Południe.

Perrault los llevó bajo cubierta y los dejó con François.

Perrault zabrał ich pod pokład i zostawił u François.

François era un gigante de cara negra y manos ásperas y callosas.

François był olbrzymem o czarnej twarzy i szorstkich, zrogowaciałych dłoniach.

Era oscuro y moreno, un mestizo francocanadiense.

Był ciemnoskóry i śniady; mieszaniec rasy francusko-kanadyjskiej.

Para Buck, estos hombres eran de un tipo que nunca había visto antes.

Dla Bucka byli to ludzie, których nigdy wcześniej nie widział.

En los días venideros conocería a muchos hombres así.

W nadchodzących dniach miał poznać wielu takich ludzi.

No llegó a encariñarse con ellos, pero llegó a respetarlos.

Nie pałał do nich sympatią, lecz zaczął ich szanować.

Eran justos y sabios, y no se dejaban engañar fácilmente por ningún perro.

Były sprawiedliwe i mądre, i niełatwo było je oszukać jakimkolwiek psem.

Juzgaban a los perros con calma y castigaban sólo cuando lo merecían.
Oceniali psy spokojnie i karali tylko wtedy, gdy na to zasługiwały.
En la cubierta inferior del Narwhal, Buck y Curly se encontraron con dos perros.
Na dolnym pokładzie Narwala Buck i Curly spotkali dwa psy.
Uno de ellos era un gran perro blanco procedente de la lejana y gélida región de Spitzbergen.
Jednym z nich był duży, biały pies z odległego, lodowatego Spitsbergenu.
Una vez navegó con un ballenero y se unió a un grupo de investigación.
Kiedyś pływał statkiem wielorybniczym i dołączył do grupy badawczej.
Era amigable de una manera astuta, deshonesta y tramposa.
Był przyjacielski, ale chytry, podstępny i chytry.
En su primera comida, robó un trozo de carne de la sartén de Buck.
Podczas pierwszego posiłku ukradł kawałek mięsa z miski Bucka.
Buck saltó para castigarlo, pero el látigo de François golpeó primero.
Buck rzucił się, by go ukarać, ale bat François'a uderzył pierwszy.
El ladrón blanco gritó y Buck recuperó el hueso robado.
Biały złodziej krzyknął, a Buck odzyskał skradzioną kość.
Esa imparcialidad impresionó a Buck y François se ganó su respeto.
Ta uczciwość zrobiła wrażenie na Bucku, a François zyskał jego szacunek.
El otro perro no saludó y no quiso recibir saludos a cambio.
Drugi pies nie przywitał się i nie oczekiwał niczego w zamian.
No robaba comida ni olfateaba con interés a los recién llegados.
Nie kradł jedzenia i nie przyglądał się nowoprzybyłym z zainteresowaniem.

Este perro era sombrío y silencioso, melancólico y de movimientos lentos.

Ten pies był ponury i cichy, ponury i powolny.

Le advirtió a Curly que se mantuviera alejada simplemente mirándola fijamente.

Ostrzegł Curly, żeby trzymała się z daleka, po prostu patrząc na nią gniewnie.

Su mensaje fue claro: déjenme en paz o habrá problemas.

Jego przesłanie było jasne: zostaw mnie w spokoju, albo będą kłopoty.

Se llamaba Dave y apenas se fijaba en su entorno.

Nazywał się Dave i prawie nie zwracał uwagi na otoczenie.

Dormía a menudo, comía tranquilamente y bostezaba de vez en cuando.

Często spał, jadł w ciszy i od czasu do czasu ziewał.

El barco zumbaba constantemente con la hélice golpeando debajo.

Statek nieustannie buczał, a poniżej pracowała śruba.

Los días pasaron con pocos cambios, pero el clima se volvió más frío.

Dni mijały bez większych zmian, ale pogoda robiła się coraz zimniejsza.

Buck podía sentirlo en sus huesos y notó que los demás también lo sentían.

Buck czuł to w kościach i zauważył, że pozostali również.

Entonces, una mañana, la hélice se detuvo y todo quedó en silencio.

Pewnego ranka śmigło zatrzymało się i wszystko ucichło.

Una energía recorrió la nave; algo había cambiado.

Jakaś energia przetoczyła się przez statek; coś się zmieniło.

François bajó, les puso las correas y los trajo arriba.

François zszedł, założył im smycze i wyprowadził je na zewnątrz.

Buck salió y encontró el suelo suave, blanco y frío.

Buck wyszedł i zobaczył, że ziemia jest miękka, biała i zimna.

Saltó hacia atrás alarmado y resopló totalmente confundido.

Odskoczył zaniepokojony i prychnął, całkowicie zdezorientowany.

Una extraña sustancia blanca caía del cielo gris.

Z szarego nieba spadała dziwna, biała substancja.

Se sacudió, pero los copos blancos seguían cayendo sobre él.

Otrząsnął się, ale białe płatki nadal spadały na niego.

Olió con cuidado la sustancia blanca y lamió algunos trocitos helados.

Ostrożnie powąchał białą substancję i zlizał kilka lodowatych kawałków.

El polvo ardió como fuego y luego desapareció de su lengua.

Proszek palił jak ogień, a potem zniknął z jego języka.

Buck lo intentó de nuevo, desconcertado por la extraña frialdad que desaparecía.

Buck spróbował ponownie, zdziwiony dziwnym, zanikającym chłodem.

Los hombres que lo rodeaban se rieron y Buck se sintió avergonzado.

Mężczyźni wokół niego się śmiali, a Buck poczuł się zawstydzony.

No sabía por qué, pero le avergonzaba su reacción.

Nie wiedział dlaczego, ale wstydził się swojej reakcji.

Fue su primera experiencia con la nieve y le confundió.

To było jego pierwsze zetknięcie ze śniegiem i było dla niego zagadką.

La ley del garrote y el colmillo
Prawo kija i kła

El primer día de Buck en la playa de Dyea se sintió como una terrible pesadilla.
Pierwszy dzień Bucka na plaży Dyea przypominał koszmar.
Cada hora traía nuevas sorpresas y cambios inesperados para Buck.
Każda godzina przynosiła Buckowi nowe wstrząsy i nieoczekiwane zmiany.
Lo habían sacado de la civilización y lo habían arrojado a un caos salvaje.
Został wyrwany z cywilizacji i wrzucony w dziki chaos.
Aquella no era una vida soleada y tranquila, llena de aburrimiento y descanso.
Nie było to słoneczne, leniwe życie z nudą i odpoczynkiem.
No había paz, ni descanso, ni momento sin peligro.
Nie było spokoju, odpoczynku i chwili wolnej od niebezpieczeństwa.
La confusión lo dominaba todo y el peligro siempre estaba cerca.
Panował chaos, a niebezpieczeństwo zawsze czyhało.
Buck tuvo que mantenerse alerta porque estos hombres y perros eran diferentes.
Buck musiał zachować czujność, bo ci mężczyźni i psy byli inni.
No eran de pueblos; eran salvajes y sin piedad.
Nie pochodzili z miast, byli dzicy i bezlitośni.
Estos hombres y perros sólo conocían la ley del garrote y el colmillo.
Ci ludzie i psy znali tylko prawo pałki i kłów.
Buck nunca había visto perros pelear como estos salvajes huskies.
Buck nigdy nie widział psów walczących tak jak te dzikie husky.
Su primera experiencia le enseñó una lección que nunca olvidaría.

Jego pierwsze doświadczenie dało mu lekcję, której nigdy nie zapomni.

Tuvo suerte de que no fuera él, o habría muerto también.

Miał szczęście, że to nie on, w przeciwnym razie on też by zginął.

Curly fue el que sufrió mientras Buck observaba y aprendía.

Curly był tym, który cierpiał, podczas gdy Buck patrzył i się uczył.

Habían acampado cerca de una tienda construida con troncos.

Rozbili obóz w pobliżu sklepu zbudowanego z bali.

Curly intentó ser amigable con un husky grande, parecido a un lobo.

Curly próbował być przyjacielski wobec dużego, wilkopodobnego husky'ego.

El husky era más pequeño que Curly, pero parecía salvaje y malvado.

Husky był mniejszy od Curly'ego, ale wyglądał dziko i groźnie.

Sin previo aviso, saltó y le abrió el rostro.

Bez ostrzeżenia skoczył i rozciął jej twarz.

Sus dientes la atravesaron desde el ojo hasta la mandíbula en un solo movimiento.

Jednym ruchem przeciął jej zęby od oka aż po szczękę.

Así era como peleaban los lobos: golpeaban rápido y saltaban.

Tak walczyły wilki — uderzać szybko i odskakiwać.

Pero había mucho más que aprender de ese único ataque.

Ale z tego jednego ataku można było wyciągnąć więcej wniosków.

Decenas de huskies entraron corriendo y formaron un círculo silencioso.

Dziesiątki psów husky wpadły i utworzyły ciche koło.

Observaron atentamente y se lamieron los labios con hambre.

Przyglądali się uważnie i oblizywali usta z głodu.

Buck no entendió su silencio ni sus miradas ansiosas.

Buck nie rozumiał ich milczenia i zaciekawionego wzroku.

Curly se apresuró a atacar al husky por segunda vez.

Curly rzucił się, by zaatakować huskiego po raz drugi.

Él usó su pecho para derribarla con un movimiento fuerte.

Mocnym ruchem uderzył ją w klatkę piersiową.

Ella cayó de lado y no pudo levantarse más.

Upadła na bok i nie mogła się podnieść.

Eso era lo que los demás habían estado esperando todo el tiempo.

Na to właśnie czekali pozostali przez cały czas.

Los perros esquimales saltaron sobre ella, aullando y gruñendo frenéticamente.

Husky rzuciły się na nią, wrzeszcząc i warcząc w szale.

Ella gritó cuando la enterraron bajo una pila de perros.

Krzyczała, gdy ją grzebali pod stertą psów.

El ataque fue tan rápido que Buck se quedó paralizado por la sorpresa.

Atak był tak szybki, że Buck zamarł w miejscu z wrażenia.

Vio a Spitz sacar la lengua de una manera que parecía una risa.

Zobaczył, jak Spitz wystawił język w sposób, który wyglądał na śmiech.

François cogió un hacha y corrió directamente hacia el grupo de perros.

François chwycił siekierę i pobiegł prosto w grupę psów.

Otros tres hombres usaron palos para ayudar a ahuyentar a los perros esquimales.

Trzej inni mężczyźni odpędzali psy pałkami.

En sólo dos minutos, la pelea terminó y los perros desaparecieron.

Po zaledwie dwóch minutach walka dobiegła końca, a psy zniknęły.

Curly yacía muerta en la nieve roja y pisoteada, con su cuerpo destrozado.

Curly leżała martwa w czerwonym, zdeptanym śniegu, jej ciało było rozszarpane.

Un hombre de piel oscura estaba de pie sobre ella, maldiciendo la brutal escena.
Stał nad nią ciemnoskóry mężczyzna i przeklinał brutalną scenę.

El recuerdo permaneció con Buck y atormentó sus sueños por la noche.
Wspomnienie to pozostało z Buckiem i nawiedzało go w snach.

Así era aquí: sin justicia, sin segundas oportunidades.
Tak było tutaj: nie było sprawiedliwości, nie było drugiej szansy.

Una vez que un perro caía, los demás lo mataban sin piedad.
Gdy jeden pies padł, reszta zabijała go bez litości.

Buck decidió entonces que nunca se permitiría caer.
Buck postanowił wtedy, że nigdy nie pozwoli sobie na upadek.

Spitz volvió a sacar la lengua y se rió de la sangre.
Spitz znów wystawił język i zaśmiał się na widok krwi.

Desde ese momento, Buck odió a Spitz con todo su corazón.
Od tego momentu Buck nienawidził Spitza całym sercem.

Antes de que Buck pudiera recuperarse de la muerte de Curly, sucedió algo nuevo.
Zanim Buck zdążył otrząsnąć się po śmierci Curly'ego, wydarzyło się coś nowego.

François se acercó y ató algo alrededor del cuerpo de Buck.
François podszedł i przymocował coś do ciała Bucka.

Era un arnés como los que usaban los caballos en el rancho.
Była to uprząż taka sama, jakiej używano na ranczu dla koni.

Así como Buck había visto trabajar a los caballos, ahora él también estaba obligado a trabajar.
Buck widział pracę koni, więc teraz sam musiał pracować.

Tuvo que arrastrar a François en un trineo hasta el bosque cercano.
Musiał ciągnąć François na saniach do pobliskiego lasu.

Después tuvo que arrastrar una carga de leña pesada.
Następnie musiał odwieźć ciężki ładunek drewna na opał.

Buck era orgulloso, por eso le dolía que lo trataran como a un animal de trabajo.

Buck był dumny, więc bolało go, że traktowano go jak zwierzę robocze.

Pero él era sabio y no intentó luchar contra la nueva situación.

Ale był mądry i nie próbował walczyć z nową sytuacją.

Aceptó su nueva vida y dio lo mejor de sí en cada tarea.

Zaakceptował swoje nowe życie i dawał z siebie wszystko w każdym zadaniu.

Todo en la obra le resultaba extraño y desconocido.

Wszystko w tej pracy było dla niego dziwne i nieznane.

Francisco era estricto y exigía obediencia sin demora.

François był surowy i wymagał posłuszeństwa bezzwłocznie.

Su látigo garantizaba que cada orden fuera seguida al instante.

Jego bat dawał pewność, że wszystkie polecenia będą wykonywane natychmiast.

Dave era el que conducía el trineo, el perro que estaba más cerca de él, detrás de Buck.

Dave był kierowcą sań, psem znajdującym się najbliżej sań za Buckiem.

Dave mordió a Buck en las patas traseras si cometía un error.

Jeśli Buck popełnił błąd, Dave gryzł go w tylne nogi.

Spitz era el perro líder, hábil y experimentado en su función.

Spitz był psem przewodnim, wykwalifikowanym i doświadczonym w tej roli.

Spitz no pudo alcanzar a Buck fácilmente, pero aún así lo corrigió.

Spitz nie mógł łatwo dotrzeć do Bucka, ale i tak go skorygował.

Gruñó con dureza o tiró del trineo de maneras que le enseñaron a Buck.

Warczał ostro i ciągnął sanie w sposób, którego Buck się nauczył.

Con este entrenamiento, Buck aprendió más rápido de lo que cualquiera de ellos esperaba.

Dzięki temu szkoleniu Buck uczył się szybciej, niż ktokolwiek z nich się spodziewał.

Trabajó duro y aprendió tanto de François como de los otros perros.

Ciężko pracował i uczył się zarówno od François, jak i od innych psów.

Cuando regresaron, Buck ya conocía los comandos clave.

Kiedy wrócili, Buck znał już najważniejsze komendy.

Aprendió a detenerse al oír la palabra "ho" gracias a François.

Od François nauczył się zatrzymywać na dźwięk słowa „ho".

Aprendió cuando tenía que tirar del trineo y correr.

Nauczył się, kiedy musi ciągnąć sanie i biec.

Aprendió a girar abiertamente en las curvas del camino sin problemas.

Nauczył się bez problemu pokonywać zakręty szeroką trasą.

También aprendió a evitar a Dave cuando el trineo descendía rápidamente.

Nauczył się również unikać Dave'a, gdy sanki szybko zjeżdżały w dół.

"Son perros muy buenos", le dijo orgulloso François a Perrault.

„To bardzo dobre psy" – powiedział François z dumą Perraultowi.

"Ese Buck tira como un demonio. Le enseño rapidísimo".

„Ten Buck ciągnie jak diabli — uczę go tego bardzo szybko".

Más tarde ese día, Perrault regresó con dos perros husky más.

Tego samego dnia Perrault wrócił z dwoma kolejnymi psami rasy husky.

Se llamaban Billee y Joe y eran hermanos.

Nazywali się Billee i Joe i byli braćmi.

Venían de la misma madre, pero no se parecían en nada.

Pochodzili od tej samej matki, ale wcale nie byli do siebie podobni.

Billee era de carácter dulce y muy amigable con todos.

Billee była osobą słodką i bardzo przyjacielską wobec wszystkich.

Joe era todo lo contrario: tranquilo, enojado y siempre gruñendo.

Joe był jego przeciwieństwem — cichy, wściekły i zawsze warczący.

Buck los saludó de manera amigable y se mostró tranquilo con ambos.

Buck przywitał się z nimi w przyjazny sposób i zachowywał spokój w stosunku do obojga.

Dave no les prestó atención y permaneció en silencio como siempre.

Dave nie zwracał na nich uwagi i jak zwykle milczał.

Spitz atacó primero a Billee, luego a Joe, para demostrar su dominio.

Spitz zaatakował najpierw Billee, potem Joego, aby pokazać swoją dominację.

Billee movió la cola y trató de ser amigable con Spitz.

Billee merdał ogonem i próbował być przyjazny wobec Spitz.

Cuando eso no funcionó, intentó huir.

Gdy to nie pomogło, spróbował uciec.

Lloró tristemente cuando Spitz lo mordió fuerte en el costado.

Zapłakał smutno, gdy Spitz ugryzł go mocno w bok.

Pero Joe era muy diferente y se negaba a dejarse intimidar.

Ale Joe był zupełnie inny i nie dał się zastraszyć.

Cada vez que Spitz se acercaba, Joe giraba rápidamente para enfrentarlo.

Za każdym razem, gdy Spitz się zbliżał, Joe szybko odwracał się, by stanąć z nim twarzą w twarz.

Su pelaje se erizó, sus labios se curvaron y sus dientes chasquearon salvajemente.

Jego futro się zjeżyło, wargi się wykrzywiły, a zęby kłapały dziko.

Los ojos de Joe brillaron de miedo y rabia, desafiando a Spitz a atacar.

W oczach Joego pojawił się błysk strachu i wściekłości, rzucając Spitzowi wyzwanie.

Spitz abandonó la lucha y se alejó, humillado y enojado.

Spitz zrezygnował z walki i odwrócił się upokorzony i wściekły.

Descargó su frustración en el pobre Billee y lo ahuyentó.

Wyładował swoją frustrację na biednym Billee i go przegonił.

Esa noche, Perrault añadió un perro más al equipo.

Tego wieczoru Perrault dodał do zespołu jeszcze jednego psa.

Este perro era viejo, delgado y cubierto de cicatrices de batalla.

Ten pies był stary, chudy i pokryty bliznami po bitwach.

Le faltaba un ojo, pero el otro brillaba con poder.

Jedno oko mu brakowało, ale drugie błyszczało mocą.

El nombre del nuevo perro era Solleks, que significaba "el enojado".

Nowemu psu nadano imię Solleks, co oznaczało Wściekły.

Al igual que Dave, Solleks no pidió nada a los demás y no dio nada a cambio.

Podobnie jak Dave, Solleks niczego od innych nie wymagał i nic nie dawał w zamian.

Cuando Solleks entró lentamente al campamento, incluso Spitz se mantuvo alejado.

Gdy Solleks powoli wkroczył do obozu, nawet Spitz trzymał się z daleka.

Tenía un hábito extraño que Buck tuvo la mala suerte de descubrir.

Miał dziwny zwyczaj, który Buck miał pecha odkryć.

A Solleks le disgustaba que se acercaran a él por el lado donde estaba ciego.

Solleks nie znosił, gdy ktoś podchodził do niego od strony, w której był niewidomy.

Buck no sabía esto y cometió ese error por accidente.

Buck nie wiedział o tym i popełnił ten błąd przez przypadek.

Solleks se dio la vuelta y cortó el hombro de Buck profunda y rápidamente.

Solleks obrócił się i szybko i głęboko uderzył Bucka w ramię.

A partir de ese momento, Buck nunca se acercó al lado ciego de Solleks.

Od tego momentu Buck nigdy już nie zbliżał się do ślepej strony Solleksa.

Nunca volvieron a tener problemas durante el resto del tiempo que estuvieron juntos.

Przez cały spędzony wspólnie czas nie mieli już żadnych kłopotów.

Solleks sólo quería que lo dejaran solo, como el tranquilo Dave.

Solleks pragnął jedynie, by go zostawiono w spokoju, jak cichy Dave.

Pero Buck se enteraría más tarde de que cada uno tenía otro objetivo secreto.

Ale Buck później dowiedział się, że każdy z nich miał jeszcze jeden, sekretny cel.

Esa noche, Buck se enfrentó a un nuevo y preocupante desafío: cómo dormir.

Tej nocy Buck stanął przed nowym i trudnym wyzwaniem — jak spać.

La tienda brillaba cálidamente con la luz de las velas en el campo nevado.

Namiot rozświetlał się ciepłym blaskiem świec na zaśnieżonym polu.

Buck entró, pensando que podría descansar allí como antes.

Buck wszedł do środka, myśląc, że będzie mógł tam odpocząć jak poprzednio.

Pero Perrault y François le gritaron y le lanzaron sartenes.

Ale Perrault i François krzyczeli na niego i rzucali patelniami.

Sorprendido y confundido, Buck corrió hacia el frío helado.

Zszokowany i zdezorientowany Buck wybiegł na mroźne zimno.

Un viento amargo le azotó el hombro herido y le congeló las patas.

Przenikliwy wiatr szczypał go w zranione ramię i zamrażał łapy.

Se tumbó en la nieve y trató de dormir al aire libre.

Położył się na śniegu i próbował spać pod gołym niebem.

Pero el frío pronto le obligó a levantarse de nuevo, temblando mucho.

Jednak zimno zmusiło go do wstania, trzęsąc się mocno.

Deambuló por el campamento intentando encontrar un lugar más cálido.

Wędrował po obozie, próbując znaleźć cieplejsze miejsce.

Pero cada rincón estaba tan frío como el anterior.

Ale każdy kąt był tak samo zimny jak poprzedni.

A veces, perros salvajes saltaban sobre él desde la oscuridad.

Czasami z ciemności wyskakiwały na niego dzikie psy.

Buck erizó su pelaje, mostró los dientes y gruñó en señal de advertencia.

Buck nastroszył futro, obnażył zęby i warknął ostrzegawczo.

Estaba aprendiendo rápido y los otros perros se alejaban rápidamente.

Uczył się szybko, a pozostałe psy szybko ustępowały.

Aún así, no tenía dónde dormir ni idea de qué hacer.

Nadal nie miał gdzie spać i nie miał pojęcia, co robić.

Por fin se le ocurrió una idea: ver cómo estaban sus compañeros de equipo.

W końcu przyszedł mu do głowy pewien pomysł – sprawdzić, co u jego kolegów z drużyny.

Regresó a su zona y se sorprendió al descubrir que habían desaparecido.

Wrócił w ich okolice i ze zdziwieniem stwierdził, że ich tam nie ma.

Nuevamente buscó por todo el campamento, pero todavía no pudo encontrarlos.

Ponownie przeszukał obóz, lecz nadal nie mógł ich znaleźć.

Sabía que ellos no podían estar en la tienda, o él también lo estaría.

Wiedział, że nie mogą być w namiocie, bo on też by się tam znalazł.

Entonces ¿a dónde se habían ido todos los perros en este campamento helado?

Gdzie więc podziały się wszystkie psy w tym zamarzniętym obozie?

Buck, frío y miserable, caminó lentamente alrededor de la tienda.

Buck, zmarznięty i nieszczęśliwy, powoli krążył wokół namiotu.

De repente, sus patas delanteras se hundieron en la nieve blanda y lo sobresaltó.

Nagle jego przednie nogi zapadły się w miękki śnieg, co go przestraszyło.

Algo se movió bajo sus pies y saltó hacia atrás asustado.

Coś poruszyło się pod jego stopami i ze strachu odskoczył.

Gruñó y rugió sin saber qué había debajo de la nieve.

Warczał i szczekał, nie wiedząc, co kryje się pod śniegiem.

Entonces oyó un ladrido amistoso que alivió su miedo.

Wtedy usłyszał przyjazne szczekanie, które ukoiło jego strach.

Olfateó el aire y se acercó para ver qué estaba oculto.

Wciągnął powietrze i podszedł bliżej, żeby zobaczyć, co jest ukryte.

Bajo la nieve, acurrucada en una bola cálida, estaba la pequeña Billee.

Pod śniegiem, zwinięta w ciepłą kulkę, leżała mała Billee.

Billee movió la cola y lamió la cara de Buck para saludarlo.

Billee merdał ogonem i polizał Bucka po twarzy, by go powitać.

Buck vio cómo Billee había hecho un lugar para dormir en la nieve.

Buck zobaczył, że Billee zrobił sobie miejsce do spania na śniegu.

Había cavado y usado su propio calor para mantenerse caliente.

Wykopał dół i ogrzał się własnym ciepłem.

Buck había aprendido otra lección: así era como dormían los perros.

Buck nauczył się kolejnej lekcji — tak właśnie spały psy.

Eligió un lugar y comenzó a cavar su propio hoyo en la nieve.

Wybrał miejsce i zaczął kopać swoją dziurę w śniegu.

Al principio, se movía demasiado y desperdiciaba energía.

Na początku za dużo się ruszał i marnował energię.

Pero pronto su cuerpo calentó el espacio y se sintió seguro.

Ale wkrótce jego ciało ogrzało przestrzeń i poczuł się
bezpiecznie.

**Se acurrucó fuertemente y al poco tiempo estaba
profundamente dormido.**

Skulił się ciasno i wkrótce zasnął.

El día había sido largo y duro, y Buck estaba exhausto.

Dzień był długi i ciężki, a Buck był wyczerpany.

**Durmió profundamente y cómodamente, aunque sus sueños
fueron salvajes.**

Spał głęboko i wygodnie, choć jego sny były szalone.

**Gruñó y ladró mientras dormía, retorciéndose mientras
soñaba.**

Warczał i szczekał przez sen, kręcąc się podczas snu.

**Buck no se despertó hasta que el campamento ya estaba
cobrando vida.**

Buck obudził się dopiero wtedy, gdy obóz zaczął budzić się do
życia.

Al principio, no sabía dónde estaba ni qué había sucedido.

Na początku nie wiedział, gdzie jest ani co się stało.

**Había nevado durante la noche y había enterrado
completamente su cuerpo.**

W nocy spadł śnieg i całkowicie przykrył jego ciało.

La nieve lo apretaba por todos lados.

Śnieg był przyciśnięty do niego ze wszystkich stron.

**De repente, una ola de miedo recorrió todo el cuerpo de
Buck.**

Nagle fala strachu przebiegła przez całe ciało Bucka.

**Era el miedo a quedar atrapado, un miedo que provenía de
instintos profundos.**

To był strach przed uwięzieniem, strach wynikający z głęboko
zakorzenionych instynktów.

Aunque nunca había visto una trampa, el miedo vivía dentro de él.

Choć nigdy nie widział pułapki, strach wciąż w nim żył.

Era un perro domesticado, pero ahora sus viejos instintos salvajes estaban despertando.

Był oswojonym psem, ale teraz obudziły się w nim dawne, dzikie instynkty.

Los músculos de Buck se tensaron y se le erizó el pelaje por toda la espalda.

Mięśnie Bucka napięły się, a sierść stanęła mu dęba na całym grzbiecie.

Gruñó ferozmente y saltó hacia arriba a través de la nieve.

Warknął dziko i wyskoczył prosto w śnieg.

La nieve voló en todas direcciones cuando estalló la luz del día.

Gdy wyszedł na światło dzienne, śnieg rozprysł się we wszystkich kierunkach.

Incluso antes de aterrizar, Buck vio el campamento extendido ante él.

Jeszcze przed lądowaniem Buck zobaczył rozpościerający się przed nim obóz.

Recordó todo del día anterior, de repente.

Natychmiast przypomniało mu się wszystko, co wydarzyło się poprzedniego dnia.

Recordó pasear con Manuel y terminar en ese lugar.

Przypomniał sobie spacer z Manuelem i to, jak wylądował w tym miejscu.

Recordó haber cavado el hoyo y haberse quedado dormido en el frío.

Pamiętał, jak wykopał dół i zasnął na zimnie.

Ahora estaba despierto y el mundo salvaje que lo rodeaba estaba claro.

Teraz się obudził i dziki świat wokół niego stał się wyraźny.

Un grito de François saludó la repentina aparición de Buck.

François krzyknął na powitanie nagłego pojawienia się Bucka.

—¿Qué te dije? —gritó en voz alta el conductor del perro a Perrault.

„Co powiedziałem?" – krzyknął głośno poganiacz psów do Perraulta.

"Ese Buck sin duda aprende muy rápido", añadió François.

„Ten Buck na pewno uczy się szybciej niż cokolwiek innego" – dodał François.

Perrault asintió gravemente, claramente satisfecho con el resultado.

Perrault skinął głową z powagą, wyraźnie zadowolony z rezultatu.

Como mensajero del gobierno canadiense, transportaba despachos.

Jako kurier rządu kanadyjskiego przewoził depesze.

Estaba ansioso por encontrar los mejores perros para su importante misión.

Zależało mu na znalezieniu najlepszych psów do swojej ważnej misji.

Se sintió especialmente complacido ahora que Buck era parte del equipo.

Poczuł się szczególnie zadowolony, że Buck stał się częścią zespołu.

Se agregaron tres huskies más al equipo en una hora.

W ciągu godziny do zespołu dołączyły trzy kolejne husky.

Eso elevó el número total de perros en el equipo a nueve.

W rezultacie łączna liczba psów w zespole wzrosła do dziewięciu.

En quince minutos todos los perros estaban en sus arneses.

W ciągu piętnastu minut wszystkie psy były już w uprzężach.

El equipo de trineos avanzaba por el sendero hacia Dyea Cañón.

Zespół saneczkowy jechał szlakiem w kierunku Dyea Cañon.

Buck se sintió contento de partir, incluso si el trabajo que tenía por delante era duro.

Buck cieszył się, że odchodzi, nawet jeśli praca, która go czekała, była ciężka.

Descubrió que no despreciaba especialmente el trabajo ni el frío.

Odkrył, że nie gardzi szczególnie pracą ani zimnem.

Le sorprendió el entusiasmo que llenaba a todo el equipo.

Zaskoczyła go chęć, jaka ogarnęła cały zespół.

Aún más sorprendente fue el cambio que se produjo en Dave y Solleks.

Jeszcze bardziej zaskakująca była zmiana, jaka zaszła u Dave'a i Solleksa.

Estos dos perros eran completamente diferentes cuando estaban enjaezados.

Te dwa psy były zupełnie inne, gdy je zaprzęgano.

Su pasividad y falta de preocupación habían desaparecido por completo.

Ich bierność i brak zainteresowania całkowicie zniknęły.

Estaban alertas y activos, y ansiosos por hacer bien su trabajo.

Byli czujni i aktywni, chcieli dobrze wykonać swoją pracę.

Se irritaban ferozmente ante cualquier cosa que causara retraso o confusión.

Denerwowało ich wszystko, co powodowało opóźnienia lub zamieszanie.

El duro trabajo en las riendas era el centro de todo su ser.

Ciężka praca nad lejcami była istotą ich istoty.

Tirar del trineo parecía ser lo único que realmente disfrutaban.

Wydawało się, że ciągnięcie sań było jedyną rzeczą, która sprawiała im prawdziwą przyjemność.

Dave estaba en la parte de atrás del grupo, más cerca del trineo.

Dave był z tyłu grupy, najbliżej sań.

Buck fue colocado delante de Dave, y Solleks se adelantó a Buck.

Buck został umieszczony przed Dave'em, a Solleks wyprzedził Bucka.

El resto de los perros estaban dispersos adelante, en una sola fila.

Reszta psów ustawiła się przed nami w pojedynczym szeregu.

La posición de cabeza en la parte delantera quedó ocupada por Spitz.

Na czele stawki znalazł się Spitz.

Buck había sido colocado entre Dave y Solleks para recibir instrucción.

Buck został umieszczony między Dave'em i Solleksem w celu przeprowadzenia instrukcji.

Él aprendía rápido y sus profesores eran firmes y capaces.

Uczył się szybko, a ich nauczyciele byli stanowczymi i kompetentnymi ludźmi.

Nunca permitieron que Buck permaneciera en el error por mucho tiempo.

Nigdy nie pozwolili, by Buck zbyt długo tkwił w błędzie.

Enseñaron sus lecciones con dientes afilados cuando era necesario.

Gdy zachodziła taka potrzeba, nauczali ostro.

Dave era justo y mostraba un tipo de sabiduría tranquila y seria.

Dave był sprawiedliwy i wykazywał się spokojną, poważną mądrością.

Él nunca mordió a Buck sin una buena razón para hacerlo.

Nigdy nie ugryzł Bucka bez ważnego powodu.

Pero nunca dejó de morder cuando Buck necesitaba corrección.

Ale zawsze potrafił ugryźć Bucka, gdy ten potrzebował skarcenia.

El látigo de Francisco estaba siempre listo y respaldaba su autoridad.

Bicz François'a był zawsze gotowy do użycia i potwierdzał ich autorytet.

Buck pronto descubrió que era mejor obedecer que defenderse.

Buck wkrótce doszedł do wniosku, że lepiej jest słuchać, niż stawiać opór.

Una vez, durante un breve descanso, Buck se enredó en las riendas.

Pewnego razu, podczas krótkiego odpoczynku, Buck zaplątał się w lejce.

Retrasó el inicio y confundió los movimientos del equipo.

Opóźnił start i zakłócił ruchy drużyny.

Dave y Solleks se abalanzaron sobre él y le dieron una paliza brutal.

Dave i Solleks rzucili się na niego i mocno go pobili.

El enredo sólo empeoró, pero Buck aprendió bien la lección.

Kłótnia stawała się coraz gorsza, ale Buck wyciągnął wnioski.

A partir de entonces, mantuvo las riendas tensas y trabajó con cuidado.

Od tej pory trzymał lejce mocno i pracował ostrożnie.

Antes de que terminara el día, Buck había dominado gran parte de su tarea.

Zanim dzień dobiegł końca, Buckowi udało się wykonać większą część zadania.

Sus compañeros casi dejaron de corregirlo y morderlo.

Jego koledzy z drużyny prawie przestali go poprawiać i gryźć.

El látigo de François resonaba cada vez con menos frecuencia en el aire.

Bicz François'a przecinał powietrze coraz rzadziej.

Perrault incluso levantó los pies de Buck y examinó cuidadosamente cada pata.

Perrault podniósł nawet stopy Bucka i dokładnie obejrzał każdą łapę.

Había sido un día de carrera duro, largo y agotador para todos ellos.

To był ciężki dzień, długi i wyczerpujący dla nich wszystkich.

Viajaron por el Cañón, atravesando Sheep Camp y pasando por Scales.

Podróżowali w górę Kanionu, przez Sheep Camp i obok Scales.

Cruzaron la línea de árboles, luego glaciares y bancos de nieve de muchos metros de profundidad.

Przekroczyli granicę lasu, potem lodowce i zaspy śnieżne głębokie na wiele stóp.

Escalaron la gran, fría y prohibitiva divisoria de Chilkoot.

Wspięli się na zimny i nieprzyjazny Wododział Chilkoot.

Esa alta cresta se encontraba entre el agua salada y el interior helado.

Ten wysoki grzbiet oddzielał słoną wodę od zamarzniętego wnętrza.

Las montañas custodiaban con hielo y empinadas subidas el triste y solitario Norte.

Góry strzegły smutnej i samotnej Północy lodem i stromymi podejściami.

Avanzaron a buen ritmo por una larga cadena de lagos debajo de la divisoria.

Szybko pokonali długi łańcuch jezior poniżej wododziału.

Esos lagos llenaban los antiguos cráteres de volcanes extintos.

Jeziora te wypełniały starożytne kratery wygasłych wulkanów.

Tarde esa noche, llegaron a un gran campamento en el lago Bennett.

Późną nocą dotarli do dużego obozu nad jeziorem Bennett.

Miles de buscadores de oro estaban allí, construyendo barcos para la primavera.

Zebrały się tam tysiące poszukiwaczy złota, budujących łodzie na wiosnę.

El hielo se rompería pronto y tenían que estar preparados.

Lód miał wkrótce pęknąć, więc musieli być gotowi.

Buck cavó su hoyo en la nieve y cayó en un sueño profundo.

Buck wykopał dziurę w śniegu i zapadł w głęboki sen.

Durmió como un trabajador, exhausto por la dura jornada de trabajo.

Spał jak człowiek pracy, wyczerpany po ciężkim dniu ciężkiej pracy.

Pero demasiado pronto, en la oscuridad, fue sacado del sueño.

Jednak zbyt wcześnie, w ciemnościach, został wyrwany ze snu.

Fue enganchado nuevamente con sus compañeros y sujeto al trineo.

Ponownie zaprzężono go do towarzyszy i przymocowano do sań.

Aquel día hicieron cuarenta millas, porque la nieve estaba muy pisoteada.

Tego dnia przeszli czterdzieści mil, bo śnieg był dobrze ubity.

Al día siguiente, y durante muchos días más, la nieve estaba blanda.

Następnego dnia i przez wiele kolejnych dni śnieg był miękki.

Tuvieron que hacer el camino ellos mismos, trabajando más duro y moviéndose más lento.

Musieli sami wytyczyć drogę, wkładając w to więcej wysiłku i poruszając się wolniej.

Por lo general, Perrault caminaba delante del equipo con raquetas de nieve palmeadas.

Zazwyczaj Perrault szedł przed drużyną, mając na nogach płetwiaste rakiety śnieżne.

Sus pasos compactaron la nieve, facilitando el movimiento del trineo.

Jego kroki ubijały śnieg, co ułatwiało przesuwanie się sań.

François, que dirigía el barco desde la dirección, a veces tomaba el relevo.

François, który sterował z pozycji pionowej, czasami przejmował kontrolę.

Pero era raro que François tomara la iniciativa.

Ale rzadko zdarzało się, aby François objął prowadzenie

porque Perrault tenía prisa por entregar las cartas y los paquetes.

ponieważ Perrault spieszył się z dostarczeniem listów i paczek.

Perrault estaba orgulloso de su conocimiento de la nieve, y especialmente del hielo.

Perrault był dumny ze swojej wiedzy na temat śniegu, a zwłaszcza lodu.

Ese conocimiento era esencial porque el hielo en otoño era peligrosamente delgado.

Wiedza ta była niezbędna, ponieważ lód jesienią był niebezpiecznie cienki.

Allí donde el agua fluía rápidamente bajo la superficie, no había hielo en absoluto.

Tam, gdzie woda płynęła szybko pod powierzchnią, nie było w ogóle lodu.

Día tras día, la misma rutina se repetía sin fin.
Dzień po dniu ta sama rutyna powtarzała się bez końca.
Buck trabajó incansablemente en las riendas desde el amanecer hasta la noche.
Buck nieustannie pracował na lejcach od świtu do nocy.
Abandonaron el campamento en la oscuridad, mucho antes de que saliera el sol.
Opuścili obóz po ciemku, na długo przed wschodem słońca.
Cuando amaneció, ya habían recorrido muchos kilómetros.
Gdy nastał dzień, mieli już za sobą wiele mil.
Acamparon después del anochecer, comieron pescado y excavaron en la nieve.
Rozbili obóz po zapadnięciu zmroku, jedli ryby i zakopywali się w śniegu.
Buck siempre tenía hambre y nunca estaba realmente satisfecho con su ración.
Buck był zawsze głodny i nigdy nie był w pełni zadowolony ze swojego pożywienia.
Recibía una libra y media de salmón seco cada día.
Otrzymywał półtora funta suszonego łososia dziennie.
Pero la comida parecía desaparecer dentro de él, dejando atrás el hambre.
Jednak jedzenie zdawało się zanikać w jego wnętrzu, pozostawiając głód.
Sufría constantes dolores de hambre y soñaba con más comida.
Odczuwał nieustanne bóle głodu i marzył o większej ilości jedzenia.
Los otros perros sólo ganaron una libra, pero se mantuvieron fuertes.
Pozostałe psy dostały tylko pół kilo jedzenia, ale i tak były silne.
Eran más pequeños y habían nacido en la vida del norte.
Byli mniejsi i urodzili się w północnym środowisku.

Perdió rápidamente la meticulosidad que había caracterizado su antigua vida.

Szybko utracił skrupulatność, która charakteryzowała jego dawne życie.

Había sido un comensal delicado, pero ahora eso ya no era posible.

Kiedyś był smakoszem, ale teraz nie było to już możliwe.

Sus compañeros terminaron primero y le robaron su ración sobrante.

Jego koledzy skończyli pierwsi i zabrali mu niedokończoną porcję.

Una vez que empezaron, no había forma de defender su comida de ellos.

Gdy już zaczęli, nie było sposobu, aby obronić przed nimi jego jedzenie.

Mientras él luchaba contra dos o tres perros, los otros le robaron el resto.

Podczas gdy on odpędzał dwa lub trzy psy, pozostali ukradli resztę.

Para solucionar esto, comenzó a comer tan rápido como los demás.

Aby temu zaradzić, zaczął jeść tak szybko, jak inni.

El hambre lo empujó tan fuerte que incluso tomó comida que no era suya.

Głód dawał mu się we znaki tak bardzo, że zjadał nawet pożywienie, które nie było jego.

Observó a los demás y aprendió rápidamente de sus acciones.

Obserwował innych i szybko wyciągał wnioski z ich działań.

Vio a Pike, un perro nuevo, robarle una rebanada de tocino a Perrault.

Widział, jak Pike, nowy pies, ukradł Perraultowi kawałek bekonu.

Pike había esperado hasta que Perrault se dio la espalda para robarle el tocino.

Pike czekał, aż Perrault odwróci się, żeby ukraść bekon.

Al día siguiente, Buck copió a Pike y robó todo el trozo.

Następnego dnia Buck skopiował Pike'a i ukradł cały kawałek.

Se produjo un gran alboroto, pero no se sospechó de Buck.

Wybuchło wielkie poruszenie, ale Bucka nikt nie podejrzewał.

Dub, un perro torpe que siempre era atrapado, fue castigado.

Zamiast tego ukarano Duba, niezdarnego psa, który zawsze dawał się złapać.

Ese primer robo marcó a Buck como un perro apto para sobrevivir en el Norte.

Ta pierwsza kradzież pokazała, że Buck jest psem gotowym przetrwać na Północy.

Demostró que podía adaptarse a nuevas condiciones y aprender rápidamente.

Pokazał, że potrafi przystosować się do nowych warunków i szybko się uczyć.

Sin esa adaptabilidad, habría muerto rápida y gravemente.

Gdyby nie jego zdolności adaptacyjne, zginąłby szybko i boleśnie.

También marcó el colapso de su naturaleza moral y de sus valores pasados.

Był to również moment załamania się jego moralności i dawnych wartości.

En el Sur, había vivido bajo la ley del amor y la bondad.

Na Południu żył według prawa miłości i dobroci.

Allí tenía sentido respetar la propiedad y los sentimientos de los otros perros.

W tym przypadku sensowne było poszanowanie własności i uczuć innych psów.

Pero en el Norte se aplicaba la ley del garrote y la ley del colmillo.

Ale w Northlandzie obowiązywało prawo maczugi i prawo kła.

Quienquiera que respetara los viejos valores aquí sería un tonto y fracasaría.

Ktokolwiek szanował stare wartości, był głupi i poniósł porażkę.

Buck no razonó todo esto en su mente.

Buck nie rozmyślał nad tym wszystkim.

Estaba en forma y se adaptó sin necesidad de pensar.
Był sprawny, więc przystosował się bez zastanowienia.
Durante toda su vida, nunca había huido de una pelea.
Przez całe życie nigdy nie uciekł przed walką.
Pero el garrote de madera del hombre del suéter rojo cambió esa regla.
Ale drewniana pałka mężczyzny w czerwonym swetrze zmieniła tę zasadę.
Ahora seguía un código más profundo y antiguo escrito en su ser.
Teraz postępował zgodnie ze starszym, głębszym kodem zapisanym w jego istocie.
No robó por placer sino por el dolor del hambre.
Nie kradł z przyjemności, lecz z bólu głodu.
Él nunca robaba abiertamente, sino que hurtaba con astucia y cuidado.
Nigdy nie kradł otwarcie, ale kradł chytrze i ostrożnie.
Actuó por respeto al garrote de madera y por miedo al colmillo.
Zrobił to z szacunku do drewnianej maczugi i ze strachu przed kłem.
En resumen, hizo lo que era más fácil y seguro que no hacerlo.
Krótko mówiąc, zrobił to, co było łatwiejsze i bezpieczniejsze, niż gdyby tego nie zrobił.
Su desarrollo —o quizás su regreso a los viejos instintos— fue rápido.
Jego rozwój — a może powrót do dawnych instynktów — następował szybko.
Sus músculos se endurecieron hasta sentirse tan fuertes como el hierro.
Jego mięśnie stwardniały, aż stały się mocne jak żelazo.
Ya no le importaba el dolor, a menos que fuera grave.
Ból nie miał już dla niego znaczenia, chyba że był poważny.
Se volvió eficiente por dentro y por fuera, sin desperdiciar nada.

Stał się skuteczny, zarówno pod każdym względem, jak i zewnętrznie, nie marnując niczego.

Podía comer cosas viles, podridas o difíciles de digerir.

Potrafił jeść rzeczy obrzydliwe, zgniłe i trudne do strawienia.

Todo lo que comía, su estómago aprovechaba hasta el último vestigio de valor.

Cokolwiek zjadł, jego żołądek wykorzystał każdą odrobinę wartościowego składnika.

Su sangre transportaba los nutrientes a través de su poderoso cuerpo.

Jego krew rozprowadzała składniki odżywcze po całym jego potężnym ciele.

Esto creó tejidos fuertes que le dieron una resistencia increíble.

Dzięki temu zbudował silne tkanki, co dało mu niesamowitą wytrzymałość.

Su vista y su olfato se volvieron mucho más sensibles que antes.

Jego wzrok i węch stały się o wiele bardziej wrażliwe niż wcześniej.

Su audición se agudizó tanto que podía detectar sonidos débiles durante el sueño.

Jego słuch stał się tak wyostrzony, że mógł słyszeć słabe dźwięki we śnie.

Sabía en sueños si los sonidos significaban seguridad o peligro.

W snach wiedział, czy dźwięki oznaczają bezpieczeństwo, czy niebezpieczeństwo.

Aprendió a morder el hielo entre los dedos de los pies con los dientes.

Nauczył się gryźć lód zębami między palcami.

Si un charco de agua se congelaba, rompía el hielo con las piernas.

Jeśli zbiornik wodny zamarzł, rozbijał lód nogami.

Se encabritó y golpeó con fuerza el hielo con sus rígidas patas delanteras.

Podniósł się i mocno uderzył w lód sztywnymi przednimi kończynami.

Su habilidad más sorprendente era predecir los cambios del viento durante la noche.

Jego najbardziej zadziwiającą umiejętnością było przewidywanie zmian kierunku wiatru w ciągu nocy.

Incluso cuando el aire estaba quieto, elegía lugares protegidos del viento.

Nawet gdy powietrze było nieruchome, wybierał miejsca osłonięte od wiatru.

Dondequiera que cavaba su nido, el viento del día siguiente lo pasaba de largo.

Gdziekolwiek wykopał gniazdo, następnego dnia wiatr go ominął.

Siempre acababa abrigado y protegido, a sotavento de la brisa.

Zawsze czuł się przytulnie i bezpiecznie, po zawietrznej stronie wiatru.

Buck no sólo aprendió con la experiencia: sus instintos también regresaron.

Buck nie tylko uczył się na błędach, ale także odzyskiwał instynkty.

Los hábitos de las generaciones domesticadas comenzaron a desaparecer.

Przyzwyczajenia udomowionych pokoleń zaczęły zanikać.

De manera vaga, recordaba los tiempos antiguos de su raza.

W jakiś mglisty sposób przypominał sobie dawne czasy swojej rasy.

Recordó cuando los perros salvajes corrían en manadas por los bosques.

Przypomniał sobie czasy, gdy dzikie psy biegały w stadach po lasach.

Habían perseguido y matado a su presa mientras la perseguían.

Gonili i zabijali swoją ofiarę.

Para Buck fue fácil aprender a pelear con dientes y velocidad.

Buckowi łatwo było nauczyć się walczyć z użyciem pazura i szybkości.

Utilizaba cortes, tajos y chasquidos rápidos igual que sus antepasados.

Stosował cięcia, cięcia i szybkie trzaski tak jak jego przodkowie.

Aquellos antepasados se agitaron dentro de él y despertaron su naturaleza salvaje.

Przodkowie poruszyli się w nim i obudzili jego dziką naturę.

Sus antiguas habilidades habían pasado a él a través de la línea de sangre.

Ich stare umiejętności zostały mu przekazane poprzez linię krwi.

Sus trucos ahora eran suyos, sin necesidad de práctica ni esfuerzo.

Teraz ich sztuczki były jego, bez potrzeby praktyki czy wysiłku.

En las noches frías y quietas, Buck levantaba la nariz y aullaba.

W spokojne, zimne noce Buck podnosił nos i wył.

Aulló largo y profundamente, como lo hacían los lobos antaño.

Wył długo i głęboko, tak jak wyły wilki dawno temu.

A través de él, sus antepasados muertos apuntaron sus narices y aullaron.

Przez niego jego zmarli przodkowie wskazywali nosami i wyli.

Aullaron a través de los siglos con su voz y su forma.

Wyły przez wieki jego głosem i kształtem.

Sus cadencias eran las de ellos, viejos gritos que hablaban de dolor y frío.

Jego rytm był ich rytmem, starymi krzykami, które mówiły o żalu i zimnie.

Cantaron sobre la oscuridad, el hambre y el significado del invierno.

Śpiewali o ciemności, głodzie i znaczeniu zimy.

Buck demostró cómo la vida está determinada por fuerzas ajenas a uno mismo.

Buck udowodnił, że życie kształtowane jest przez siły wykraczające poza nas samych,

La antigua canción se elevó a través de Buck y se apoderó de su alma.

starożytna pieśń przeszyła Bucka i zawładnęła jego duszą.

Se encontró a sí mismo porque los hombres habían encontrado oro en el Norte.

Odnalazł siebie, ponieważ ludzie na Północy znaleźli złoto.

Y se encontró porque Manuel, el ayudante del jardinero, necesitaba dinero.

A znalazł się tam, ponieważ Manuel, pomocnik ogrodnika, potrzebował pieniędzy.

La Bestia Primordial Dominante
Dominująca pierwotna bestia

La bestia primordial dominante era tan fuerte como siempre en Buck.
Dominująca pierwotna bestia była silna jak zawsze w przypadku Bucka.

Pero la bestia primordial dominante yacía latente en él.
Jednakże dominująca pierwotna bestia w nim pozostawała uśpiona.

La vida en el camino era dura, pero fortalecía a la bestia que Buck llevaba dentro.
Życie na szlaku było trudne, ale dzięki niemu w Bucku zagościła silniejsza bestia.

En secreto, la bestia se hacía cada día más fuerte.
W tajemnicy bestia stawała się z dnia na dzień silniejsza.

Pero ese crecimiento interior permaneció oculto para el mundo exterior.
Jednak ten wewnętrzny rozwój pozostał ukryty przed światem zewnętrznym.

Una fuerza primordial, tranquila y calmada se estaba construyendo dentro de Buck.
W Bucku narastała cicha i spokojna pierwotna siła.

Una nueva astucia le proporcionó a Buck equilibrio, calma, control y aplomo.
Nowa przebiegłość dała Buckowi równowagę, spokój i opanowanie.

Buck se concentró mucho en adaptarse, sin sentirse nunca totalmente relajado.
Buck koncentrował się na przystosowaniu, nigdy nie czując się w pełni zrelaksowany.

Él evitaba los conflictos, nunca iniciaba peleas ni buscaba problemas.
Unikał konfliktów, nigdy nie wszczynał bójek i nie szukał kłopotów.

Una reflexión lenta y constante moldeó cada movimiento de Buck.

Każdy ruch Bucka był przepełniony powolnością i rozwagą.

Evitó las elecciones precipitadas y las decisiones repentinas e imprudentes.

Unikał pochopnych wyborów i nagłych, lekkomyślnych decyzji.

Aunque Buck odiaba profundamente a Spitz, no le mostró ninguna agresión.

Mimo że Buck bardzo nienawidził Spitz'a, nie okazywał mu agresji.

Buck nunca provocó a Spitz y mantuvo sus acciones moderadas.

Buck nigdy nie prowokował Spitza i zachował umiar w swoich działaniach.

Spitz, por otro lado, percibió el creciente peligro en Buck.

Spitz z kolei wyczuł narastające zagrożenie w Bucku.

Él veía a Buck como una amenaza y un serio desafío a su poder.

Uważał Bucka za zagrożenie i poważne wyzwanie dla swojej władzy.

Aprovechó cada oportunidad para gruñir y mostrar sus afilados dientes.

Przy każdej okazji warczał i pokazywał ostre zęby.

Estaba tratando de iniciar la pelea mortal que estaba por venir.

Próbował rozpocząć śmiertelną walkę, która musiała nastąpić.

Al principio del viaje casi se desató una pelea entre ellos.

Już na początku podróży niemal doszło między nimi do bójki.

Pero un accidente inesperado detuvo la pelea.

Jednak nieoczekiwany wypadek uniemożliwił dojście do walki.

Esa tarde acamparon en el gélido lago Le Barge.

Tego wieczoru rozbili obóz nad lodowatym jeziorem Le Barge.

La nieve caía con fuerza y el viento cortaba como un cuchillo.

Śnieg padał mocno, a wiatr wiał ostro.

La noche había llegado demasiado rápido y la oscuridad los rodeaba.

Noc nadeszła zbyt szybko i otoczyła ich ciemność.

Difícilmente podrían haber elegido un peor lugar para descansar.

Trudno było wybrać gorsze miejsce na odpoczynek.

Los perros buscaban desesperadamente un lugar donde tumbarse.

Psy rozpaczliwie szukały miejsca, gdzie mogłyby się położyć.

Detrás del pequeño grupo se alzaba una alta pared de roca.

Za małą grupą wznosiła się wysoka, skalista ściana.

La tienda de campaña había sido abandonada en Dyea para aligerar la carga.

Namiot pozostawiono w Dyea, aby zmniejszyć ładunek.

No les quedó más remedio que hacer el fuego sobre el propio hielo.

Nie mieli innego wyjścia, jak rozpalić ogień na samym lodzie.

Extendieron sus batas para dormir directamente sobre el lago helado.

Rozłożyli swoje szaty do spania bezpośrednio na zamarzniętym jeziorze.

Unos cuantos palitos de madera flotante les dieron un poco de fuego.

Kilka kawałków drewna dało im odrobinę ognia.

Pero el fuego se construyó sobre el hielo y se descongeló a través de él.

Ale ogień rozpalił się na lodzie i rozmroził się przez niego.

Al final, estaban comiendo su cena en la oscuridad.

W końcu jedli kolację w ciemnościach.

Buck se acurrucó junto a la roca, protegido del viento frío.

Buck zwinął się obok skały, chroniąc się przed zimnym wiatrem.

El lugar era tan cálido y seguro que Buck odiaba mudarse.

Było tam tak ciepło i bezpiecznie, że Buckowi nie chciało się stąd ruszać.

Pero François había calentado el pescado y estaba repartiendo raciones.

Ale François podgrzał rybę i rozdawał racje żywnościowe.

Buck terminó de comer rápidamente y regresó a su cama.

Buck szybko skończył jeść i wrócił do łóżka.

Pero Spitz ahora estaba acostado donde Buck había hecho su cama.

Ale Spitz leżał teraz tam, gdzie Buck zrobił sobie łóżko.

Un gruñido bajo advirtió a Buck que Spitz se negaba a moverse.

Niskie warknięcie ostrzegło Bucka, że Spitz nie zamierza się ruszyć.

Hasta ahora, Buck había evitado esta pelea con Spitz.

Aż do tej pory Buck unikał walki ze Spitzem.

Pero en lo más profundo de Buck la bestia finalmente se liberó.

Lecz głęboko w sercu Bucka bestia w końcu się uwolniła.

El robo de su lugar para dormir era algo demasiado difícil de tolerar.

Kradzież miejsca do spania była dla niego nie do zniesienia.

Buck se lanzó hacia Spitz, lleno de ira y rabia.

Buck rzucił się na Spitza, pełen gniewu i wściekłości.

Hasta ahora Spitz había pensado que Buck era sólo un perro grande.

Aż do teraz Spitz myślał, że Buck to po prostu duży pies.

No creía que Buck hubiera sobrevivido a través de su espíritu.

Nie wierzył, że Buck przeżył dzięki swojemu duchowi.

Esperaba miedo y cobardía, no furia y venganza.

Spodziewał się strachu i tchórzostwa, a nie wściekłości i zemsty.

François se quedó mirando mientras los dos perros salían del nido en ruinas.

François patrzył, jak oba psy wyskakują ze zniszczonego gniazda.

Comprendió de inmediato lo que había iniciado la salvaje lucha.

Od razu zrozumiał, co było przyczyną tej zaciekłej walki.

—¡Ah! —gritó François en apoyo del perro marrón.

„Aa-ah!" – krzyknął François, wspierając brązowego psa.

¡Dale una paliza! ¡Por Dios, castiga a ese ladrón astuto!

„Dajcie mu lanie! Na Boga, ukarzcie tego podstępnego złodzieja!"

Spitz mostró la misma disposición y un entusiasmo salvaje por luchar.

Spitz wykazywał równą gotowość i ogromną chęć walki.

Gritó de rabia mientras giraba rápidamente en busca de una abertura.

Krzyknął ze złości i zaczął szybko krążyć, szukając otwarcia.

Buck mostró el mismo hambre de luchar y la misma cautela.

Buck wykazywał tę samą chęć walki i tę samą ostrożność.

También rodeó a su oponente, intentando obtener la ventaja en la batalla.

Okrążył również swojego przeciwnika, próbując zyskać przewagę w walce.

Entonces sucedió algo inesperado y lo cambió todo.

A potem wydarzyło się coś nieoczekiwanego i wszystko się zmieniło.

Ese momento retrasó la eventual lucha por el liderazgo.

Ten moment opóźnił ostateczną walkę o przywództwo.

Muchos kilómetros de camino y lucha aún nos esperaban antes del final.

Do końca pozostało jeszcze wiele mil szlaku i zmagań.

Perrault gritó un juramento cuando un garrote impactó contra el hueso.

Perrault krzyknął przekleństwo, gdy pałka uderzyła w kość.

Se escuchó un agudo grito de dolor y luego el caos explotó por todas partes.

Potem rozległ się ostry krzyk bólu, a potem wokół wybuchł chaos.

En el campamento se movían figuras oscuras: perros esquimales salvajes, hambrientos y feroces.

Po obozie poruszały się ciemne sylwetki: dzikie husky, wygłodzone i dzikie.

Cuatro o cinco docenas de perros esquimales habían olfateado el campamento desde lejos.

Cztery lub pięć tuzinów husky wywąchało obóz z daleka.

Se habían colado sigilosamente mientras los dos perros peleaban cerca.

Podkradli się cicho, podczas gdy dwa psy walczyły w pobliżu.

François y Perrault atacaron con garrotes a los invasores.

François i Perrault rzucili się do ataku, wymachując pałkami w stronę najeźdźców.

Los perros esquimales hambrientos mostraron los dientes y contraatacaron frenéticamente.

Wygłodzone husky pokazały zęby i walczyły zaciekle.

El olor a carne y a pan les había hecho perder todo miedo.

Zapach mięsa i chleba przegoniły ich wszelki strach.

Perrault golpeó a un perro que había enterrado su cabeza en el cajón de comida.

Perrault bił psa, który schował głowę w kuwecie.

El golpe fue muy fuerte y la caja se volcó, derramándose comida.

Uderzenie było tak silne, że pudełko się przewróciło, a jedzenie wysypało się z niego.

En cuestión de segundos, una veintena de bestias salvajes destrozaron el pan y la carne.

W ciągu kilku sekund chmara dzikich zwierząt rzuciła się na chleb i mięso.

Los garrotes de los hombres asestaron golpe tras golpe, pero ningún perro se apartó.

Mężczyźni zadawali cios za ciosem, ale żaden pies nie odwracał wzroku.

Aullaron de dolor, pero lucharon hasta que no quedó comida.

Wyli z bólu, ale walczyli, dopóki nie zabrakło im pożywienia.

Mientras tanto, los perros de trineo habían saltado de sus camas nevadas.

Tymczasem psy zaprzęgowe wyskoczyły ze swoich zaśnieżonych legowisk.

Fueron atacados instantáneamente por los feroces y hambrientos huskies.

Natychmiast zaatakowały ich dzikie i głodne psy husky.

Buck nunca había visto criaturas tan salvajes y hambrientas antes.

Buck nigdy wcześniej nie widział tak dzikich i wygłodniałych stworzeń.

Su piel colgaba suelta, ocultando apenas sus esqueletos.

Ich skóra zwisała luźno, ledwie zakrywając szkielety.

Había un fuego en sus ojos, de hambre y locura.

W ich oczach płonął ogień, od głodu i szaleństwa

No había manera de detenerlos, de resistirse a su ataque salvaje.

Nie było możliwości ich zatrzymania, nie można było oprzeć się ich dzikiemu natarciu.

Los perros de trineo fueron empujados hacia atrás y presionados contra la pared del acantilado.

Psy zaprzęgowe zostały odepchnięte i przyciśnięte do ściany klifu.

Tres perros esquimales atacaron a Buck a la vez, desgarrando su carne.

Trzy husky rzuciły się na Bucka jednocześnie, rozrywając mu ciało.

La sangre le brotaba de la cabeza y de los hombros, donde había recibido el corte.

Krew lała się z jego głowy i ramion, gdzie został rozcięty.

El ruido llenó el campamento: gruñidos, aullidos y gritos de dolor.

Hałas wypełnił obóz: warczenie, wycie i krzyki bólu.

Billee gritó fuerte, como siempre, atrapada en la pelea y el pánico.

Billee, jak zwykle, krzyknęła głośno, pochłonięta kłótnią i paniką.

Dave y Solleks estaban uno al lado del otro, sangrando pero desafiantes.

Dave i Solleks stali obok siebie, krwawiąc, ale stawiając opór.

Joe peleó como un demonio, mordiendo todo lo que se acercaba.

Joe walczył jak demon, gryząc każdego, kto się do niego zbliżył.

Aplastó la pata de un husky con un brutal chasquido de sus mandíbulas.

Jednym brutalnym trzaśnięciem szczęk zmiażdżył nogę husky'ego.

Pike saltó sobre el husky herido y le rompió el cuello instantáneamente.

Pike rzucił się na rannego husky'ego i na miejscu złamał mu kark.

Buck agarró a un husky por el cuello y le arrancó la vena.

Buck złapał husky'ego za gardło i przeciął mu żyłę.

La sangre salpicó y el sabor cálido llevó a Buck al frenesí.

Trysnęła krew, a jej ciepły smak wprawił Bucka w szał.

Se abalanzó sobre otro atacante sin dudarlo.

Bez wahania rzucił się na kolejnego napastnika.

En ese mismo momento, unos dientes afilados se clavaron en la garganta de Buck.

W tym samym momencie ostre zęby wbiły się w gardło Bucka.

Spitz había atacado desde un costado, sin previo aviso.

Spitz zaatakował z boku, niespodziewanie.

Perrault y François habían derrotado a los perros robando la comida.

Perrault i François pokonali psy kradnące jedzenie.

Ahora se apresuraron a ayudar a sus perros a luchar contra los atacantes.

Teraz rzucili się, by pomóc swoim psom odeprzeć napastników.

Los perros hambrientos se retiraron mientras los hombres blandían sus garrotes.

Głodne psy cofnęły się, gdy mężczyźni wymachiwali pałkami.

Buck se liberó del ataque, pero el escape fue breve.

Buckowi udało się uwolnić od ataku, ale ucieczka nie trwała długo.

Los hombres corrieron a salvar a sus perros, y los huskies volvieron a atacarlos.

Mężczyźni pobiegli ratować swoje psy, ale husky znów się rzuciły.

Billee, aterrorizado y valiente, saltó hacia la jauría de perros.

Billee, przestraszony i odważny, rzucił się w sforę psów.

Pero luego huyó a través del hielo, presa del terror y el pánico.

Ale potem uciekł przez lód, w panice i przerażeniu.

Pike y Dub los siguieron de cerca, corriendo para salvar sus vidas.

Pike i Dub podążali tuż za nimi, uciekając, by ratować życie.

El resto del equipo se separó y se dispersó, siguiéndolos.

Reszta drużyny rozproszyła się i podążyła za nimi.

Buck reunió sus fuerzas para correr, pero entonces vio un destello.

Buck zebrał siły, żeby uciekać, ale wtedy zobaczył błysk.

Spitz se abalanzó sobre el costado de Buck, intentando derribarlo al suelo.

Spitz rzucił się na Bucka, próbując powalić go na ziemię.

Bajo esa turba de perros esquimales, Buck no habría tenido escapatoria.

Pod osłoną tej gromady husky Buck nie miałby szans na ucieczkę.

Pero Buck se mantuvo firme y se preparó para el golpe de Spitz.

Jednak Buck pozostał nieugięty i przygotował się na cios Spitza.

Luego se dio la vuelta y salió corriendo al hielo con el equipo que huía.

Następnie odwrócił się i wybiegł na lód wraz z uciekającą drużyną.

Más tarde, los nueve perros de trineo se reunieron al abrigo del bosque.

Później dziewięć psów zaprzęgowych zebrało się pod osłoną lasu.

Ya nadie los perseguía, pero estaban maltratados y heridos.

Nikt ich już nie gonił, ale byli pobici i ranni.

Cada perro tenía heridas: cuatro o cinco cortes profundos en cada cuerpo.

Każdy pies miał rany: cztery lub pięć głębokich cięć na ciele każdego.

Dub tenía una pata trasera herida y ahora le costaba caminar.

Dub miał uszkodzoną tylną nogę i teraz miał problemy z chodzeniem.

Dolly, la perrita más nueva de Dyea, tenía la garganta cortada.

Dolly, najnowszy pies z Dyea, miał poderżnięte gardło.

Joe había perdido un ojo y la oreja de Billee estaba cortada en pedazos.

Joe stracił oko, a ucho Billee zostało pocięte na kawałki

Todos los perros lloraron de dolor y derrota durante toda la noche.

Wszystkie psy wyły z bólu i porażki przez całą noc.

Al amanecer regresaron al campamento doloridos y destrozados.

O świcie wrócili do obozu, obolali i połamani.

Los perros esquimales habían desaparecido, pero el daño ya estaba hecho.

Husky zniknęły, ale szkody zostały wyrządzone.

Perrault y François estaban de mal humor ante las ruinas.

Perrault i François byli w kiepskim nastroju z powodu ruiny.

La mitad de la comida había desaparecido, robada por los ladrones hambrientos.

Połowa jedzenia zniknęła, rozkradziona przez głodnych złodziei.

Los perros esquimales habían destrozado las ataduras y la lona del trineo.

Husky rozerwały wiązania i płótno sań.

Todo lo que tenía olor a comida había sido devorado por completo.

Wszystko co pachniało jedzeniem zostało całkowicie pożarte.

Se comieron un par de botas de viaje de piel de alce de Perrault.

Zjedli parę podróżnych butów Perraulta wykonanych z łosiej skóry.

Masticaban correas de cuero y arruinaban las correas hasta dejarlas inservibles.

Przeżuwali skórzane reisy i niszczyli paski do tego stopnia, że nie nadawały się do użytku.

François dejó de mirar el látigo roto para revisar a los perros.

François przestał patrzeć na podartą rzęsę, aby sprawdzić psy.

—Ah, amigos míos —dijo en voz baja y llena de preocupación.

„Ach, moi przyjaciele" – powiedział cichym, pełnym troski głosem.

"Tal vez todas estas mordeduras os conviertan en bestias locas."

„Może wszystkie te ugryzienia zamienią was w szalone bestie".

—¡Quizás todos sean perros rabiosos, sacredam! ¿Qué opinas, Perrault?

„Może wszystkie wściekłe psy, sacredam! Co o tym myślisz, Perrault?"

Perrault meneó la cabeza; sus ojos estaban oscuros por la preocupación y el miedo.

Perrault pokręcił głową, jego oczy pociemniały z troski i strachu.

Todavía había cuatrocientas millas entre ellos y Dawson.

Między nimi a Dawsonem było jeszcze czterysta mil.

La locura canina ahora podría destruir cualquier posibilidad de supervivencia.

Szaleństwo psów może teraz zniszczyć wszelkie szanse na przetrwanie.

Pasaron dos horas maldiciendo y tratando de arreglar el engranaje.

Przez dwie godziny przeklinali i próbowali naprawić sprzęt.

El equipo herido finalmente abandonó el campamento, destrozado y derrotado.

Ranna drużyna w końcu opuściła obóz, złamana i pokonana.

Éste fue el camino más difícil hasta ahora y cada paso era doloroso.

To był najtrudniejszy ze wszystkich szlaków i każdy krok
sprawiał ból.

**El río Treinta Millas no se había congelado y su caudal
corría con fuerza.**

Rzeka Thirty Mile nie zamarzła i płynęła gwałtownie.

**Sólo en los lugares tranquilos y en los remolinos el hielo
logró retenerse.**

Tylko w spokojnych miejscach i wirujących zawirowaniach
lód udawało się utrzymać.

**Pasaron seis días de duro trabajo hasta recorrer las treinta
millas.**

Po sześciu dniach ciężkiej pracy pokonaliśmy trzydzieści mil.

**Cada kilómetro del camino traía consigo peligro y amenaza
de muerte.**

Każdy kilometr szlaku niósł ze sobą niebezpieczeństwo i
groźbę śmierci.

**Los hombres y los perros arriesgaban sus vidas con cada
doloroso paso.**

Mężczyźni i psy ryzykowali życie przy każdym bolesnym
kroku.

**Perrault rompió delgados puentes de hielo una docena de
veces diferentes.**

Perraultowi udało się przebić przez cienkie mosty lodowe
dziesiątki razy.

**Llevó un palo y lo dejó caer sobre el agujero que había
hecho su cuerpo.**

Wziął do ręki drąg i rzucił go w dół, w dół otworu, który
zrobił jego ciało.

Más de una vez ese palo salvó a Perrault de ahogarse.

Niejednokrotnie ten kij uratował Perraulta przed utonięciem.

**La ola de frío se mantuvo firme y el aire estaba a cincuenta
grados bajo cero.**

Fala mrozu utrzymywała się, temperatura powietrza wynosiła
pięćdziesiąt stopni poniżej zera.

**Cada vez que se caía, Perrault tenía que encender un fuego
para sobrevivir.**

Za każdym razem, gdy wpadł do wody, Perrault musiał rozpalić ogień, aby przeżyć.

La ropa mojada se congelaba rápidamente, por lo que la secaba cerca del calor abrasador.

Mokre ubrania szybko zamarzały, więc suszył je w pobliżu gorącego powietrza.

Ningún miedo afectó jamás a Perrault, y eso lo convirtió en mensajero.

Perrault nigdy nie znał strachu i to uczyniło go kurierem.

Fue elegido para el peligro y lo afrontó con tranquila resolución.

Wybrano go na niebezpieczeństwo i stawił mu czoła z cichą determinacją.

Avanzó contra el viento, con el rostro arrugado y congelado.

Napierał na wiatr, a jego pomarszczona twarz była odmrożona.

Desde el amanecer hasta el anochecer, Perrault los condujo hacia adelante.

Perrault prowadził ich dalej od bladego świtu do zapadnięcia zmroku.

Caminó sobre un estrecho borde de hielo que se agrietaba con cada paso.

Szedł po wąskiej krawędzi lodu, która pękała przy każdym kroku.

No se atrevieron a detenerse: cada pausa suponía el riesgo de un colapso mortal.

Nie odważyli się zatrzymać, gdyż każda przerwa groziła śmiertelnym upadkiem.

Una vez, el trineo se abrió paso y arrastró a Dave y Buck.

Pewnego razu sanie przebiły się i wciągnęły Dave'a i Bucka.

Cuando los liberaron, ambos estaban casi congelados.

Kiedy ich uwolniono, oboje byli prawie zamarznięci.

Los hombres hicieron un fuego rápidamente para mantener con vida a Buck y Dave.

Mężczyźni szybko rozpalili ognisko, aby ocalić Bucka i Dave'a.

Los perros estaban cubiertos de hielo desde la nariz hasta la cola, rígidos como madera tallada.

Psy były pokryte lodem od nosa aż po ogon, sztywne jak rzeźbione drewno.

Los hombres los hicieron correr en círculos cerca del fuego para descongelar sus cuerpos.

Mężczyźni krążyli wokół ognia, żeby rozmrozić ciała.

Se acercaron tanto a las llamas que su pelaje se quemó.

Podeszli tak blisko płomieni, że ich futro się przypaliło.

Luego Spitz rompió el hielo y arrastró al equipo detrás de él.

Następnie Spitz przebił się przez lód, ciągnąc za sobą drużynę.

La ruptura llegó hasta donde Buck estaba tirando.

Przerwa sięgała aż do miejsca, w którym ciągnął Buck.

Buck se reclinó con fuerza hacia atrás, sus patas resbalaron y temblaron en el borde.

Buck odchylił się mocno do tyłu, jego łapy ześlizgnęły się i zadrżały na krawędzi.

Dave también se esforzó hacia atrás, justo detrás de Buck en la línea.

Dave również naprężył się do tyłu, tuż za Buckiem na linii.

François tiró del trineo; sus músculos crujían por el esfuerzo.

François ciągnął sanie, jego mięśnie trzeszczały z wysiłku.

En otra ocasión, el borde del hielo se agrietó delante y detrás del trineo.

Innym razem lód na krawędzi sań popękał przed i za nimi.

No tenían otra salida que escalar una pared del acantilado congelado.

Nie mieli innego wyjścia, jak wspiąć się na zamarzniętą ścianę klifu.

De alguna manera Perrault logró escalar el muro; un milagro lo mantuvo con vida.

Perraultowi jakimś cudem udało się wspiąć na mur; cud pozwolił mu przeżyć.

François se quedó abajo, rezando por tener la misma suerte.

François pozostał na dole, modląc się o podobne szczęście.

Ataron todas las correas, amarres y tirantes hasta formar una cuerda larga.

Związali wszystkie paski, wiązania i linki w jedną długą linę.

Los hombres subieron cada perro, uno a uno, hasta la cima.

Mężczyźni wciągnęli po kolei wszystkie psy na górę.

François subió el último, después del trineo y toda la carga.

François wspiął się ostatni, za saniami i całym ładunkiem.

Entonces comenzó una larga búsqueda de un camino para bajar de los acantilados.

Następnie rozpoczęły się długie poszukiwania ścieżki prowadzącej w dół z klifu.

Finalmente descendieron usando la misma cuerda que habían hecho.

W końcu zeszli na dół, korzystając z tej samej liny, którą sami zrobili.

La noche cayó cuando regresaron al lecho del río, exhaustos y doloridos.

Noc zapadła, gdy wrócili do koryta rzeki, wyczerpani i obolali.

El día completo les había proporcionado sólo un cuarto de milla de ganancia.

Cały dzień pozwolił im przebyć zaledwie ćwierć mili.

Cuando llegaron a Hootalinqua, Buck estaba agotado.

Gdy dotarli do Hootalinqua, Buck był już wyczerpany.

Los demás perros sufrieron igual de mal las condiciones del sendero.

Pozostałe psy cierpiały równie mocno z powodu warunków panujących na szlaku.

Pero Perrault necesitaba recuperar tiempo y los presionaba cada día.

Ale Perrault potrzebował czasu, żeby odzyskać siły, i każdego dnia wywierał na nich presję.

El primer día viajaron treinta millas hasta Big Salmon.

Pierwszego dnia przejechali trzydzieści mil do Big Salmon.

Al día siguiente viajaron treinta y cinco millas hasta Little Salmon.

Następnego dnia przebyli trzydzieści pięć mil, aby dotrzeć do Little Salmon.

Al tercer día avanzaron a través de cuarenta largas y heladas millas.

Trzeciego dnia przebyli czterdzieści długich, zamarzniętych mil.

Para entonces, se estaban acercando al asentamiento de Five Fingers.

Wówczas zbliżali się do osady Five Fingers.

Los pies de Buck eran más suaves que los duros pies de los huskies nativos.

Stopy Bucka były bardziej miękkie niż twarde stopy rodzimych husky.

Sus patas se habían vuelto tiernas a lo largo de muchas generaciones civilizadas.

Jego łapy stały się wrażliwsze na przestrzeni wielu cywilizowanych pokoleń.

Hace mucho tiempo, sus antepasados habían sido domesticados por hombres del río o cazadores.

Dawno temu jego przodkowie zostali oswojeni przez ludzi żyjących nad rzekami lub myśliwych.

Todos los días Buck cojeaba de dolor, caminando sobre sus patas doloridas y en carne viva.

Buck każdego dnia utykał z bólu, chodząc na poranionych, bolących łapach.

En el campamento, Buck cayó como un cuerpo sin vida sobre la nieve.

W obozie Buck padł bez życia na śnieg.

Aunque estaba hambriento, Buck no se levantó a comer su cena.

Chociaż Buck był głodny, nie wstał, aby zjeść kolację.

François le trajo a Buck su ración, poniendo pescado junto a su hocico.

François przyniósł Buckowi jego porcję, kładąc rybę za pysk.

Cada noche, el conductor frotaba los pies de Buck durante media hora.

Każdej nocy kierowca masował stopy Bucka przez pół godziny.

François incluso cortó sus propios mocasines para hacer calzado para perros.

François nawet pociął własne mokasyny na kawałki, aby zrobić z nich obuwie dla psów.

Cuatro zapatos cálidos le dieron a Buck un gran y bienvenido alivio.

Cztery ciepłe buty dały Buckowi wielką i mile widzianą ulgę.

Una mañana, François olvidó los zapatos y Buck se negó a levantarse.

Pewnego ranka François zapomniał o butach, a Buck nie chciał wstać.

Buck yacía de espaldas, con los pies en el aire, agitándolos lastimeramente.

Buck leżał na plecach, machając stopami w powietrzu i żałośnie nimi machając.

Incluso Perrault sonrió al ver la dramática súplica de Buck.

Nawet Perrault uśmiechnął się na widok dramatycznej prośby Bucka.

Pronto los pies de Buck se endurecieron y los zapatos pudieron desecharse.

Wkrótce stopy Bucka stwardniały i buty można było wyrzucić.

En Pelly, durante el periodo de uso del arnés, Dolly emitió un aullido terrible.

W czasie zaprzęgu Pelly Dolly wydała z siebie przeraźliwy wycie.

El grito fue largo y lleno de locura, sacudiendo a todos los perros.

Krzyk był długi i pełen szaleństwa, wstrząsnął każdym psem.

Cada perro se erizaba de miedo sin saber el motivo.

Każdy pies zjeżył się ze strachu, nie wiedząc dlaczego.

Dolly se volvió loca y se arrojó directamente hacia Buck.

Dolly wpadła w szał i rzuciła się prosto na Bucka.

Buck nunca había visto la locura, pero el horror llenó su corazón.

Buck nigdy nie widział szaleństwa, ale jego serce przepełniało przerażenie.

Sin pensarlo, se dio la vuelta y huyó presa del pánico absoluto.

Nie zastanawiając się długo, odwrócił się i uciekł w kompletnej panice.

Dolly lo persiguió con los ojos desorbitados y la saliva saliendo de sus mandíbulas.

Dolly goniła go, jej oczy były dzikie, a z pyska ciekła ślina.

Ella se mantuvo justo detrás de Buck, sin ganar terreno ni quedarse atrás.

Trzymała się tuż za Buckiem, ani go nie wyprzedzała, ani nie zwalniała.

Buck corrió a través del bosque, bajó por la isla y cruzó el hielo irregular.

Buck pobiegł przez lasy, w dół wyspy, po nierównym lodzie.

Cruzó hacia una isla, luego hacia otra, dando la vuelta nuevamente hasta el río.

Przepłynął na jedną wyspę, potem na drugą, wracając w stronę rzeki.

Aún así Dolly lo persiguió, con su gruñido detrás de cada paso.

Dolly nadal go goniła, warcząc przy każdym kroku.

Buck podía oír su respiración y su rabia, aunque no se atrevía a mirar atrás.

Buck słyszał jej oddech i wściekłość, choć nie odważył się obejrzeć.

François gritó desde lejos y Buck se giró hacia la voz.

François krzyknął z daleka i Buck odwrócił się w kierunku głosu.

Todavía jadeando en busca de aire, Buck pasó corriendo, poniendo toda su esperanza en François.

Buck, wciąż łapczywie łapiąc powietrze, przebiegł obok, pokładając całą nadzieję w François.

El conductor del perro levantó un hacha y esperó mientras Buck pasaba volando.

Poganiacz psa podniósł siekierę i czekał, aż Buck przeleci obok.

El hacha cayó rápidamente y golpeó la cabeza de Dolly con una fuerza mortal.

Topór opadł szybko i uderzył Dolly w głowę ze śmiertelną siłą.

Buck se desplomó cerca del trineo, jadeando e incapaz de moverse.

Buck upadł obok sań, dysząc i nie mogąc się ruszyć.

Ese momento le dio a Spitz la oportunidad de golpear a un enemigo exhausto.

Ten moment dał Spitzowi szansę na zaatakowanie wyczerpanego przeciwnika.

Mordió a Buck dos veces, desgarrando la carne hasta el hueso blanco.

Dwa razy ugryzł Bucka, rozrywając jego ciało aż do białej kości.

El látigo de François hizo chasquear el látigo y golpeó a Spitz con toda su fuerza y furia.

Bicz François'a trzasnął, uderzając Spitza z pełną, wściekłą siłą.

Buck observó con alegría cómo Spitz recibía la paliza más dura que había recibido hasta entonces.

Buck z radością patrzył, jak Spitz otrzymał najmocniejsze lanie w swojej karierze.

"Es un demonio ese Spitz", murmuró Perrault para sí mismo.

„Ten Szpic to prawdziwy diabeł" – mruknął ponuro Perrault do siebie.

"Algún día, ese maldito perro matará a Buck, lo juro".

„Pewnego dnia, niedługo, ten przeklęty pies zabije Bucka, przysięgam."

—Ese Buck tiene dos demonios dentro —respondió François asintiendo.

„W tym Bucku kryją się dwa diabły" – odpowiedział François, kiwając głową.

"Cuando veo a Buck, sé que algo feroz le aguarda dentro".

„Kiedy patrzę na Bucka, wiem, że kryje się w nim coś groźnego".

"Un día se pondrá furioso y destrozará a Spitz".

„Pewnego dnia wpadnie we wściekłość i rozszarpie Spitza na strzępy."

"Masticará a ese perro y lo escupirá en la nieve congelada".

„On pogryzie tego psa i wypluje go na zamarznięty śnieg".

"Estoy seguro de que lo sé en lo más profundo de mi ser".

„Na pewno, czuję to głęboko w kościach."

A partir de ese momento los dos perros quedaron en guerra.

Od tego momentu pomiędzy dwoma psami trwała wojna.

Spitz lideró al equipo y mantuvo el poder, pero Buck lo desafió.

Spitz przewodził drużynie i miał władzę, ale Buck temu zakwestionował.

Spitz vio su rango amenazado por este extraño extraño de Southland.

Spitz uznał, że jego ranga jest zagrożona przez tego dziwnego przybysza z Południa.

Buck no se parecía a ningún otro perro sureño que Spitz hubiera conocido antes.

Buck nie przypominał żadnego południowego psa, jakiego szpice kiedykolwiek znali.

La mayoría de ellos fracasaron: eran demasiado débiles para sobrevivir al frío y al hambre.

Większość z nich poniosła porażkę — byli zbyt słabi, by przetrwać zimno i głód.

Murieron rápidamente bajo el trabajo, las heladas y el lento ardor del hambre.

Umierali szybko z powodu pracy, mrozu i powolnego głodu.

Buck se destacó: cada día más fuerte, más inteligente y más salvaje.

Buck wyróżniał się — z każdym dniem silniejszy, mądrzejszy i bardziej dziki.

Prosperó a pesar de las dificultades y creció hasta alcanzar el nivel de los perros esquimales del norte.

Dobrze znosił trudności i dorósł dorównując północnym husky.

Buck tenía fuerza, habilidad salvaje y un instinto paciente y mortal.

Buck miał siłę, niezwykłe umiejętności oraz cierpliwy i śmiercionośny instynkt.

El hombre con el garrote había golpeado la temeridad de Buck.

Człowiek z pałką wybił Bucka z rytmu.

La furia ciega desapareció y fue reemplazada por una astucia silenciosa y control.

Ślepa furia zniknęła, zastąpiona cichą przebiegłością i kontrolą.

Esperó, tranquilo y primario, observando el momento adecuado.

Czekał spokojnie i pierwotnie, wypatrując właściwego momentu.

Su lucha por el mando se hizo inevitable y clara.

Ich walka o dowództwo stała się nieunikniona i oczywista.

Buck deseaba el liderazgo porque su espíritu lo exigía.

Buck pragnął przywództwa, ponieważ wymagał tego jego duch.

Lo impulsaba el extraño orgullo nacido del camino y del arnés.

Napędzała go dziwna duma zrodzona z wypraw szlakowych i uprzęży.

Ese orgullo hizo que los perros tiraran hasta caer sobre la nieve.

Ta duma sprawiała, że psy ciągnęły, aż padły na śnieg.

El orgullo los llevó a dar toda la fuerza que tenían.

Duma kazała im dać z siebie wszystko.

El orgullo puede atraer a un perro de trineo incluso hasta el punto de la muerte.

Pycha może doprowadzić psa zaprzęgowego nawet do śmierci.

La pérdida del arnés dejó a los perros rotos y sin propósito.

Utrata uprzęży powodowała, że psy były wyniszczone i pozbawione celu.

El corazón de un perro de trineo puede quedar aplastado por la vergüenza cuando se retira.

Serce psa zaprzęgowego może zostać złamane przez wstyd, gdy przejdzie na emeryturę.

Dave vivió con ese orgullo mientras arrastraba el trineo desde atrás.

Dave kierował się tą dumą, ciągnąc sanie od tyłu.

Solleks también lo dio todo con fuerza y lealtad.

Solleks także dał z siebie wszystko, wykazał się ponurą siłą i lojalnością.

Cada mañana, el orgullo los transformaba de amargados a decididos.

Każdego ranka duma zmieniała ich z rozgoryczonych w zdeterminowanych.

Empujaron todo el día y luego se quedaron en silencio al final del campamento.

Naciskali cały dzień, a potem ucichli na końcu obozu.

Ese orgullo le dio a Spitz la fuerza para poner a raya a los evasores.

Ta duma dała Spitzowi siłę, by zmusić uchylających się od służby do stania w szeregu.

Spitz temía a Buck porque Buck tenía ese mismo orgullo profundo.

Spitz bał się Bucka, ponieważ Buck był dumny z siebie i innych.

El orgullo de Buck ahora se agitó contra Spitz, y no se detuvo.

Duma Bucka w tej chwili obudziła Spitza i nie przestawał.

Buck desafió el poder de Spitz y le impidió castigar a los perros.

Buck sprzeciwił się Spitzowi i uniemożliwił mu karanie psów.

Cuando otros fallaron, Buck se interpuso entre ellos y su líder.

Kiedy inni zawiedli, Buck stanął między nimi a ich przywódcą.

Lo hizo con intención, dejando claro y abierto su desafío.
Uczynił to celowo, czyniąc swoje wyzwanie otwartym i jasnym.
Una noche, una fuerte nevada cubrió el mundo con un profundo silencio.
Pewnej nocy gęsty śnieg pokrył świat głęboką ciszą.
A la mañana siguiente, Pike, perezoso como siempre, no se levantó para ir a trabajar.
Następnego ranka Pike, leniwy jak zwykle, nie wstał do pracy.
Se quedó escondido en su nido bajo una gruesa capa de nieve.
Pozostał ukryty w gnieździe pod grubą warstwą śniegu.
François gritó y buscó, pero no pudo encontrar al perro.
François wołał i szukał psa, ale nie mógł go znaleźć.
Spitz se puso furioso y atravesó furioso el campamento cubierto de nieve.
Spitz wpadł we wściekłość i pobiegł przez pokryty śniegiem obóz.
Gruñó y olfateó, cavando frenéticamente con ojos llameantes.
Warczał i węszył, kopiąc jak szalony, a jego oczy płonęły.
Su rabia era tan feroz que Pike tembló de miedo bajo la nieve.
Jego wściekłość była tak wielka, że Pike trząsł się pod śniegiem ze strachu.
Cuando finalmente encontraron a Pike, Spitz se abalanzó sobre él para castigar al perro que estaba escondido.
Kiedy w końcu odnaleziono Pike'a, Spitz rzucił się, by ukarać ukrywającego się psa.
Pero Buck saltó entre ellos con una furia igual a la de Spitz.
Jednakże Buck rzucił się między nich z wściekłością równą wściekłości Spitz'a.
El ataque fue tan repentino e inteligente que Spitz cayó al suelo.
Atak był tak nagły i sprytny, że Spitz stracił równowagę.
Pike, que estaba temblando, se animó ante este desafío.
Pike, który cały się trząsł, nabrał odwagi dzięki temu buntowi.

Saltó sobre el Spitz caído, siguiendo el audaz ejemplo de Buck.

Skoczył na leżącego Szpica, idąc za śmiałym przykładem Bucka.

Buck, que ya no estaba obligado por la justicia, se unió a la huelga de Spitz.

Buck, nie kierując się już zasadami uczciwości, przyłączył się do strajku na Spitz.

François, divertido pero firme en su disciplina, blandió su pesado látigo.

François, rozbawiony, lecz stanowczy w dyscyplinie, zamachnął się ciężkim batem.

Golpeó a Buck con todas sus fuerzas para acabar con la pelea.

Uderzył Bucka z całej siły, aby przerwać walkę.

Buck se negó a moverse y se quedó encima del líder caído.

Buck odmówił ruchu i pozostał na leżącym przywódcy.

François entonces utilizó el mango del látigo y golpeó con fuerza a Buck.

Następnie François użył rękojeści bata i uderzył Bucka mocno.

Tambaleándose por el golpe, Buck cayó hacia atrás bajo el asalto.

Buck zatoczył się od ciosu i upadł pod naporem ataku.

François golpeó una y otra vez mientras Spitz castigaba a Pike.

François uderzał raz po raz, podczas gdy Spitz karał Pike'a.

Pasaron los días y Dawson City estaba cada vez más cerca.

Dni mijały, a Dawson City było coraz bliżej.

Buck seguía interfiriendo, interponiéndose entre Spitz y otros perros.

Buck ciągle wtrącał się, wślizgując się między Spitz i inne psy.

Elegía bien sus momentos, esperando siempre que François se marchase.

Dobrze wybierał momenty, zawsze czekając, aż François odejdzie.

La rebelión silenciosa de Buck se extendió y el desorden se arraigó en el equipo.

Cichy bunt Bucka rozprzestrzenił się, a w drużynie zapanował nieporządek.

Dave y Solleks se mantuvieron leales, pero otros se volvieron rebeldes.

Dave i Solleks pozostali lojalni, ale inni stali się nieposłuszni.

El equipo empeoró: se volvió inquieto, pendenciero y fuera de lugar.

W zespole działo się coraz gorzej — byli niespokojni, kłótliwi i wykraczali poza swoje granice.

Ya nada funcionaba con fluidez y las peleas se volvieron algo habitual.

Nic już nie działało tak, jak powinno, a walki stały się codziennością.

Buck permaneció en el corazón del problema, provocando siempre malestar.

Buck pozostawał w centrum problemów i stale prowokował niepokoje.

François se mantuvo alerta, temeroso de la pelea entre Buck y Spitz.

François pozostał czujny, bojąc się walki między Buckiem i Spitzem.

Cada noche, las peleas lo despertaban, temiendo que finalmente llegara el comienzo.

Każdej nocy budziły go bójki, obawiał się, że w końcu nadszedł początek.

Saltó de su túnica, dispuesto a detener la pelea.

Zerwał się z szaty, gotowy przerwać walkę.

Pero el momento nunca llegó y finalmente llegaron a Dawson.

Ale ten moment nie nadszedł i w końcu dotarli do Dawson.

El equipo entró en la ciudad una tarde sombría, tensa y silenciosa.

Zespół wkroczył do miasta pewnego ponurego popołudnia, pełnego napięcia i ciszy.

La gran batalla por el liderazgo todavía estaba suspendida en el aire.

Wielka bitwa o przywództwo wciąż wisiała w mroźnym powietrzu.

Dawson estaba lleno de hombres y perros de trineo, todos ocupados con el trabajo.

W Dawson było pełno mężczyzn i psów zaprzęgowych, wszyscy zajęci pracą.

Buck observó a los perros tirar cargas desde la mañana hasta la noche.

Buck obserwował psy ciągnące ładunki od rana do wieczora.

Transportaban troncos y leña y transportaban suministros a las minas.

Przewozili kłody i drewno opałowe, dostarczali zaopatrzenie do kopalni.

Donde antes trabajaban los caballos en las tierras del sur, ahora trabajaban los perros.

Tam, gdzie kiedyś na Południu pracowały konie, teraz pracowały psy.

Buck vio algunos perros del sur, pero la mayoría eran huskies parecidos a lobos.

Buck widział kilka psów z Południa, ale większość z nich to były husky przypominające wilki.

Por la noche, como un reloj, los perros alzaban sus voces cantando.

Nocą, jak w zegarku, psy podnosiły głosy, śpiewając.

A las nueve, a las doce y de nuevo a las tres, empezó el canto.

O dziewiątej, o północy i ponownie o trzeciej rozpoczynało się śpiewanie.

A Buck le encantaba unirse a su canto misterioso, de sonido salvaje y antiguo.

Buck uwielbiał przyłączać się do ich niesamowitego śpiewu, dzikiego i pradawnego w brzmieniu.

La aurora llameó, las estrellas bailaron y la nieve cubrió la tierra.

Zorza polarna płonęła, gwiazdy tańczyły, a ziemia pokryła się śniegiem.

El canto de los perros se elevó como un grito contra el silencio y el frío intenso.

Pieśń psów była krzykiem przeciw ciszy i przenikliwemu zimnu.

Pero su aullido contenía tristeza, no desafío, en cada larga nota.

Jednakże w ich wyciu każda długa nuta wyrażała smutek, a nie bunt.

Cada grito lamentable estaba lleno de súplica: el peso de la vida misma.

Każdy płaczliwy krzyk brzmiał w nim jak błaganie, ciężar samego życia.

Esa canción era vieja, más vieja que las ciudades y más vieja que los incendios.

Ta piosenka była stara – starsza niż miasta i starsza niż pożary

Aquella canción era más antigua incluso que las voces de los hombres.

Pieśń ta była starsza niż głosy ludzkie.

Era una canción del mundo joven, cuando todas las canciones eran tristes.

To była piosenka z młodości, kiedy wszystkie piosenki były smutne.

La canción transportaba el dolor de incontables generaciones de perros.

Piosenka ta wyrażała smutek niezliczonych pokoleń psów.

Buck sintió la melodía profundamente, gimiendo por un dolor arraigado en los siglos.

Buck głęboko odczuł melodię, jęcząc z bólu zakorzenionego w wiekach.

Sollozaba por un dolor tan antiguo como la sangre salvaje en sus venas.

Płakał z żalu tak starego, jak krew krążąca w jego żyłach.

El frío, la oscuridad y el misterio tocaron el alma de Buck.

Zimno, mrok i tajemnica poruszyły duszę Bucka.

Esa canción demostró hasta qué punto Buck había regresado a sus orígenes.

Piosenka ta pokazała, jak daleko Buck powrócił do swoich korzeni.

Entre la nieve y los aullidos había encontrado el comienzo de su propia vida.

Poprzez śnieg i wycie odnalazł początek własnego życia.

Siete días después de llegar a Dawson, partieron nuevamente.

Siedem dni po przybyciu do Dawson wyruszyli ponownie.

El equipo descendió del cuartel hasta el sendero Yukon.

Zespół wyruszył z koszar w stronę szlaku Yukon.

Comenzaron el viaje de regreso hacia Dyea y Salt Water.

Rozpoczęli podróż powrotną w kierunku Dyea i Salt Water.

Perrault llevaba despachos aún más urgentes que antes.

Perrault wysyłał meldunki jeszcze pilniejsze niż wcześniej.

También se sintió dominado por el orgullo por el sendero y se propuso establecer un récord.

On również był przejęty dumą ze szlaku i miał zamiar pobić rekord.

Esta vez, varias ventajas estaban del lado de Perrault.

Tym razem Perrault miał kilka przewag.

Los perros habían descansado durante una semana entera y recuperaron su fuerza.

Psy odpoczywały przez cały tydzień i odzyskały siły.

El camino que ellos habían abierto ahora estaba compactado por otros.

Szlak, który przetarli, został teraz utwardzony przez innych.

En algunos lugares, la policía había almacenado comida tanto para perros como para hombres.

W niektórych miejscach policja gromadziła żywność dla psów i mężczyzn.

Perrault viajaba ligero, moviéndose rápido y con poco que lo pesara.

Perrault podróżował lekko, poruszał się szybko i nie obciążał się niczym.

Llegaron a Sixty-Mile, un recorrido de cincuenta millas, en la primera noche.

Pierwszej nocy dotarli do Sixty-Mile, biegu na dystansie
pięćdziesięciu mil.

**El segundo día, se apresuraron a subir por el Yukón hacia
Pelly.**

Drugiego dnia ruszyli w górę Jukonu w kierunku Pelly.

**Pero estos grandes avances implicaron un gran esfuerzo para
François.**

Ale takie duże postępy wiązały się dla François z dużym
wysiłkiem.

**La rebelión silenciosa de Buck había destrozado la
disciplina del equipo.**

Cichy bunt Bucka zniszczył dyscyplinę w drużynie.

Ya no tiraban juntos como una sola bestia bajo las riendas.

Już nie trzymali się razem jak jedno zwierzę w lejcach.

**Buck había llevado a otros al desafío mediante su valiente
ejemplo.**

Buck swoim odważnym przykładem zmusił innych do buntu.

La orden de Spitz ya no fue recibida con miedo ni respeto.

Rozkaz Spitza nie spotykał się już ze strachem ani
szacunkiem.

**Los demás perdieron el respeto que le tenían y se atrevieron
a resistirse a su gobierno.**

Pozostali stracili dla niego szacunek i odważyli się sprzeciwić
jego rządom.

**Una noche, Pike robó medio pescado y se lo comió bajo la
mirada de Buck.**

Pewnej nocy Pike ukradł połowę ryby i zjadł ją na oczach
Bucka.

**Otra noche, Dub y Joe pelearon contra Spitz y quedaron
impunes.**

Pewnej nocy Dub i Joe walczyli ze Spitzem i pozostali
bezkarni.

**Incluso Billee se quejó con menos dulzura y mostró una
nueva agudeza.**

Nawet Billee jęczał mniej słodko i okazywał nową ostrość.

Buck le gruñó a Spitz cada vez que se cruzaban.

Buck warczał na Spitza za każdym razem, gdy mijali się na swojej drodze.

La actitud de Buck se volvió audaz y amenazante, casi como la de un matón.

Postawa Bucka stała się śmiała i groźna, niemal jak u łobuza.

Caminó delante de Spitz con arrogancia, lleno de amenaza burlona.

Kroczył przed Spitzem pewnym krokiem, pełnym szyderczej groźby.

Ese colapso del orden se extendió también entre los perros de trineo.

Ten upadek porządku rozprzestrzenił się także wśród psów zaprzęgowych.

Pelearon y discutieron más que nunca, llenando el campamento de ruido.

Kłócili się i kłócili bardziej niż kiedykolwiek, wypełniając obóz hałasem.

La vida en el campamento se convertía cada noche en un caos salvaje y aullante.

Życie obozowe przeradzało się każdej nocy w dziki, wyjący chaos.

Sólo Dave y Solleks permanecieron firmes y concentrados.

Tylko Dave i Solleks pozostali opanowani i skoncentrowani.

Pero incluso ellos se enojaron por las peleas constantes.

Ale nawet oni stali się nerwowi z powodu ciągłych bójek.

François maldijo en lenguas extrañas y pisoteó con frustración.

François przeklinał w dziwnych językach i tupał z frustracji.

Se tiró del pelo y gritó mientras la nieve volaba bajo sus pies.

Rwał się za włosy i krzyczał, podczas gdy pod nogami fruwał śnieg.

Su látigo azotó a la manada, pero apenas logró mantenerlos bajo control.

Jego bat przecinał sforę, ale ledwo utrzymywał ją w ryzach.

Cada vez que él le daba la espalda, la lucha estallaba de nuevo.

Za każdym razem, gdy odwracał się, bójka wybuchała na nowo.

François utilizó el látigo para azotar a Spitz, mientras Buck lideraba a los rebeldes.

François użył bata wobec Spitza, podczas gdy Buck poprowadził rebeliantów.

Cada uno conocía el papel del otro, pero Buck evitó cualquier culpa.

Każdy z nich znał rolę drugiego, ale Buck unikał obarczania się winą.

François nunca sorprendió a Buck iniciando una pelea o eludiendo su trabajo.

François nigdy nie przyłapał Bucka na wszczynaniu bójek lub uchylaniu się od pracy.

Buck trabajó duro con el arnés; el trabajo ahora emocionaba su espíritu.

Buck ciężko pracował — teraz trud ten napełniał jego ducha radością.

Pero encontró aún más alegría al provocar peleas y caos en el campamento.

Ale jeszcze większą radość odnajdywał w wywoływaniu bójek i sianiu chaosu w obozie.

Una noche, en la desembocadura del Tahkeena, Dub asustó a un conejo.

Pewnego wieczoru, będąc u ujścia Tahkeeny, Dub wystraszył królika.

Falló el tiro y el conejo con raquetas de nieve saltó lejos.

Nie udało mu się złapać królika, a ten odskoczył.

En cuestión de segundos, todo el equipo de trineo los persiguió con gritos salvajes.

W ciągu kilku sekund cały zespół zaprzęgów rzucił się w pogoń, wydając dzikie okrzyki.

Cerca de allí, un campamento de la Policía del Noroeste albergaba cincuenta perros husky.

Niedaleko znajdował się obóz policji Northwest, w którym stacjonowało pięćdziesiąt psów rasy husky.

Se unieron a la caza y navegaron juntos por el río helado.

Dołączyli do polowania, wspólnie spływając w dół zamarzniętej rzeki.

El conejo se desvió del río y huyó hacia el lecho congelado del arroyo.

Królik uciekł z rzeki i pobiegł w górę zamarzniętego koryta potoku.

El conejo saltaba suavemente sobre la nieve mientras los perros se abrían paso con dificultad.

Królik lekko przeskakiwał po śniegu, podczas gdy psy z trudem przedzierały się przez niego.

Buck lideró la enorme manada de sesenta perros en cada curva.

Buck prowadził ogromną sforę składającą się z sześćdziesięciu psów po każdym zakręcie.

Avanzó lentamente y con entusiasmo, pero no pudo ganar terreno.

Parł naprzód, nisko i chętnie, lecz nie mógł zyskać przewagi.

Su cuerpo brillaba bajo la pálida luna con cada poderoso salto.

Jego ciało migotało w blasku bladego księżyca przy każdym potężnym skoku.

Más adelante, el conejo se movía como un fantasma, silencioso y demasiado rápido para atraparlo.

Królik poruszał się przed nami jak duch, bezgłośnie i zbyt szybko, by go złapać.

Todos esos viejos instintos —el hambre, la emoción— se apoderaron de Buck.

Wszystkie te stare instynkty – głód i dreszczyk emocji – ogarnęły Bucka.

Los humanos a veces sienten este instinto y se ven impulsados a cazar con armas de fuego y balas.

Ludzie czasami odczuwają ten instynkt, zmuszając się do polowania z bronią i kulami.

Pero Buck sintió este sentimiento a un nivel más profundo y personal.

Ale Buck odczuwał to uczucie na głębszym i bardziej osobistym poziomie.

No podían sentir lo salvaje en su sangre como Buck podía sentirlo.

Nie czuli dzikości we krwi w taki sposób, w jaki czuł ją Buck.

Persiguió carne viva, dispuesto a matar con los dientes y saborear la sangre.

Gonił za żywym mięsem, gotowy zabić zębami i poczuć smak krwi.

Su cuerpo se tensó de alegría, queriendo bañarse en la cálida vida roja.

Jego ciało napinało się z radości, pragnąc wykąpać się w ciepłym, czerwonym życiu.

Una extraña alegría marca el punto más alto que la vida puede alcanzar.

Dziwna radość oznacza najwyższy punkt, jaki życie może osiągnąć.

La sensación de una cima donde los vivos olvidan que están vivos.

Uczucie szczytu, w którym żywi zapominają, że w ogóle żyją.

Esta alegría profunda conmueve al artista perdido en una inspiración ardiente.

Ta głęboka radość dotyka artystę, który gubi się w płonącym natchnieniu.

Esta alegría se apodera del soldado que lucha salvajemente y no perdona a ningún enemigo.

Ta radość ogarnia żołnierza, który walczy zaciekle i nie oszczędza żadnego wroga.

Esta alegría ahora se apoderó de Buck mientras lideraba la manada con hambre primaria.

Ta radość ogarnęła teraz Bucka, który przewodził stadu w pierwotnym głodzie.

Aulló con el antiguo grito del lobo, emocionado por la persecución en vida.

Wył starożytnym wilczym głosem, podekscytowany żywą pogonią.

Buck recurrió a la parte más antigua de sí mismo, perdida en la naturaleza.

Buck dotarł do najstarszej części swojej istoty, zagubionej na wolności.

Llegó a lo más profundo, más allá de la memoria, al tiempo crudo y antiguo.

Sięgnął głęboko w głąb przeszłości, do przeszłości pamięci, do surowego, starożytnego czasu.

Una ola de vida pura recorrió cada músculo y tendón.

Fala czystego życia przepłynęła przez każdy mięsień i ścięgno.

Cada salto gritaba que vivía, que avanzaba a través de la muerte.

Każdy jego skok dawał znać, że żyje, że przeszedł przez śmierć.

Su cuerpo se elevaba alegremente sobre una tierra quieta y fría que nunca se movía.

Jego ciało radośnie szybowało nad nieruchomą, zimną ziemią, która się nie poruszała.

Spitz se mantuvo frío y astuto, incluso en sus momentos más salvajes.

Spitz pozostał zimny i przebiegły nawet w najbardziej szalonych momentach.

Dejó el sendero y cruzó el terreno donde el arroyo se curvaba ampliamente.

Opuścił szlak i przeszedł przez ląd, w miejscu, gdzie strumień zakręcał szeroko.

Buck, sin darse cuenta de esto, permaneció en el sinuoso camino del conejo.

Buck, nieświadomy tego, pozostał na krętej ścieżce królika.

Entonces, cuando Buck dobló una curva, el conejo fantasmal estaba frente a él.

Gdy Buck minął zakręt, zobaczył przed sobą ducha królika.

Vio una segunda figura saltar desde la orilla delante de la presa.

Zobaczył drugą postać wyskakującą z brzegu przed ofiarą.

La figura era Spitz, aterrizando justo en el camino del conejo que huía.

Ta postać to Spitz, który wylądował dokładnie na drodze uciekającego królika.

El conejo no pudo girar y se encontró con las fauces de Spitz en el aire.

Królik nie mógł się odwrócić i w locie spotkał szczęki Spitz'a.

La columna vertebral del conejo se rompió con un chillido tan agudo como el grito de un humano moribundo.

Kręgosłup królika złamał się z krzykiem tak ostrym, jak krzyk umierającego człowieka.

Ante ese sonido, la caída de la vida a la muerte, la manada aulló fuerte.

Na ten dźwięk – upadek z życia na śmierć – stado zawyło głośno.

Un coro salvaje se elevó detrás de Buck, lleno de oscuro deleite.

Za Buckiem rozległ się dziki chóralny okrzyk, pełen mrocznej radości.

Buck no emitió ningún grito ni sonido y se lanzó directamente hacia Spitz.

Buck nie krzyknął, nie wydał żadnego dźwięku i rzucił się prosto na Spitza.

Apuntó a la garganta, pero en lugar de eso golpeó el hombro.

Celował w gardło, ale trafił w ramię.

Cayeron sobre la nieve blanda; sus cuerpos trabados en combate.

Przetaczali się przez miękki śnieg; ich ciała zwarte były w walce.

Spitz se levantó rápidamente, como si nunca lo hubieran derribado.

Spitz podskoczył błyskawicznie, jakby w ogóle nie został powalony.

Cortó el hombro de Buck y luego saltó para alejarse de la pelea.

Rozciął ramię Bucka, po czym odskoczył od walczącego.

Sus dientes chasquearon dos veces como trampas de acero y sus labios se curvaron y fueron feroces.

Dwa razy jego zęby trzasnęły niczym stalowe pułapki, usta wykrzywiły się i zacięły.

Retrocedió lentamente, buscando terreno firme bajo sus pies.

Powoli się wycofał, szukając pewnego gruntu pod nogami.

Buck comprendió el momento instantánea y completamente.

Buck natychmiast i w pełni zrozumiał moment.

Había llegado el momento; la lucha iba a ser una lucha a muerte.

Nadszedł czas. Walka miała być walką na śmierć i życie.

Los dos perros daban vueltas, gruñendo, con las orejas planas y los ojos entrecerrados.

Dwa psy krążyły, warcząc, z położonymi po sobie uszami i przymrużonymi oczami.

Cada perro esperaba que el otro mostrara debilidad o un paso en falso.

Każdy pies czekał, aż drugi okaże słabość lub popełni błąd.

Para Buck, la escena era inquietantemente conocida y recordada profundamente.

Dla Bucka scena ta wydała się dziwnie znajoma i głęboko zapamiętana.

El bosque blanco, la tierra fría, la batalla bajo la luz de la luna.

Białe lasy, zimna ziemia, bitwa w blasku księżyca.

Un pesado silencio llenó la tierra, profundo y antinatural.

Ciężka cisza wypełniła ziemię, głęboka i nienaturalna.

Ningún viento se agitó, ninguna hoja se movió, ningún sonido rompió la quietud.

Żaden wiatr nie poruszył się, żaden liść nie poruszył się, żaden dźwięk nie zakłócił ciszy.

El aliento de los perros se elevaba como humo en el aire helado y silencioso.

Oddechy psów unosiły się niczym dym w mroźnym, cichym powietrzu.

El conejo fue olvidado hace mucho tiempo por la manada de bestias salvajes.

Stado dzikich zwierząt dawno zapomniało o króliku.

Estos lobos medio domesticados ahora permanecían quietos formando un amplio círculo.

Te na wpół oswojone wilki stały teraz nieruchomo w szerokim kręgu.

Estaban en silencio, sólo sus ojos brillantes revelaban su hambre.

Byli cicho, tylko ich świecące oczy zdradzały ich głód.

Su respiración se elevó mientras observaban cómo comenzaba la pelea final.

Ich oddech unosił się w górę, gdy obserwowali początek ostatecznej walki.

Para Buck, esta batalla era vieja y esperada, nada extraña.

Dla Bucka ta bitwa była czymś starym i oczekiwanym, wcale nie dziwnym.

Parecía el recuerdo de algo que siempre estuvo destinado a suceder.

Miałem wrażenie, że to wspomnienie czegoś, co zawsze miało się wydarzyć.

Spitz era un perro de pelea entrenado, perfeccionado por innumerables peleas salvajes.

Spitz był wyszkolonym psem bojowym, wyćwiczonym w niezliczonych dzikich bójkach.

Desde Spitzbergen hasta Canadá, había vencido a muchos enemigos.

Od Spitsbergenu po Kanadę pokonał wielu wrogów.

Estaba lleno de furia, pero nunca dejó controlar la rabia.

Był pełen wściekłości, lecz nigdy nie potrafił nad nią zapanować.

Su pasión era aguda, pero siempre templada por un duro instinto.

Jego namiętność była wielka, ale zawsze łagodzona twardym instynktem.

Nunca atacó hasta que su propia defensa estuvo en su lugar.

Nigdy nie atakował, dopóki nie był gotowy do obrony.

Buck intentó una y otra vez alcanzar el vulnerable cuello de Spitz.

Buck wielokrotnie próbował dosięgnąć wrażliwej szyi Spitza.

Pero cada golpe era correspondido con un corte de los afilados dientes de Spitz.

Jednak każdy cios spotykał się z cięciem ostrych zębów Spitza.

Sus colmillos chocaron y ambos perros sangraron por los labios desgarrados.

Ich kły zderzyły się, a oba psy krwawiły z rozciętych warg.

No importaba cuánto se lanzara Buck, no podía romper la defensa.

Bez względu na to, jak bardzo Buck się rzucił, nie był w stanie przełamać obrony.

Se puso más furioso y se abalanzó con salvajes ráfagas de poder.

Wpadał w coraz większą wściekłość, rzucił się na niego z dzikimi wybuchami mocy.

Una y otra vez, Buck atacó la garganta blanca de Spitz.

Buck raz po raz atakował białe gardło Spitza.

Cada vez que Spitz esquivaba el ataque, contraatacaba con un mordisco cortante.

Za każdym razem Spitz unikał ciosów i odpowiadał tnącym ugryzieniem.

Entonces Buck cambió de táctica y se abalanzó nuevamente hacia la garganta.

Wtedy Buck zmienił taktykę, znów rzucając się do gardła.

Pero él retrocedió a mitad del ataque y se giró para atacar desde un costado.

Jednak w połowie ataku cofnął się i wykonał ruch, by uderzyć z boku.

Le lanzó el hombro a Spitz con la intención de derribarlo.

Uderzył Spitz'a ramieniem, chcąc go powalić.

Cada vez que lo intentaba, Spitz lo esquivaba y contraatacaba con un corte.

Za każdym razem gdy próbował, Spitz unikał ciosów i odpowiadał cięciem.

El hombro de Buck se enrojeció cuando Spitz saltó después de cada golpe.

Ramię Bucka stawało się coraz bardziej obolałe, gdy Spitz wyskakiwał po każdym ciosie.

Spitz no había sido tocado, mientras que Buck sangraba por muchas heridas.

Spitz nie został tknięty, natomiast Buck krwawił z wielu ran.

La respiración de Buck era rápida y pesada y su cuerpo estaba cubierto de sangre.

Oddech Bucka stał się szybki i ciężki, jego ciało było śliskie od krwi.

La pelea se volvió más brutal con cada mordisco y embestida.

Walka stawała się coraz brutalniejsza z każdym ugryzieniem i szarżą.

A su alrededor, sesenta perros silenciosos esperaban que cayera el primero.

Wokół nich sześćdziesiąt milczących psów czekało, aż pierwszy padnie.

Si un perro caía, la manada terminaría la pelea.

Gdyby jeden pies odpadł, cała wataha zakończyłaby walkę.

Spitz vio que Buck se estaba debilitando y comenzó a presionar para atacar.

Spitz zauważył, że Buck słabnie i zaczął kontynuować atak.

Mantuvo a Buck fuera de equilibrio, obligándolo a luchar para mantener el equilibrio.

Zmusił Bucka do utraty równowagi, zmuszając go do walki o utrzymanie równowagi.

Una vez Buck tropezó y cayó, y todos los perros se levantaron.

Pewnego razu Buck potknął się i upadł, a wszystkie psy natychmiast się podniosły.

Pero Buck se enderezó a mitad de la caída y todos volvieron a caer.

Jednak Buck odzyskał równowagę w połowie upadku i wszyscy opadli z powrotem na ziemię.

Buck tenía algo poco común: una imaginación nacida de un instinto profundo.

Buck miał coś rzadkiego — wyobraźnię zrodzoną z głębokiego instynktu.

Peleó con impulso natural, pero también peleó con astucia.

Walczył kierując się naturalnym popędem, ale potrafił też walczyć przebiegle.

Cargó de nuevo como si repitiera su truco de ataque con el hombro.

Ponownie rzucił się do ataku, jakby powtarzając sztuczkę z atakiem ramieniem.

Pero en el último segundo, se agachó y pasó por debajo de Spitz.

Jednak w ostatniej chwili zanurkował nisko i przeleciał pod Spitzem.

Sus dientes se clavaron en la pata delantera izquierda de Spitz con un chasquido.

Jego zęby zacisnęły się na przedniej lewej nodze Spitz'a z trzaskiem.

Spitz ahora estaba inestable, con su peso sobre sólo tres patas.

Spitz stał teraz niepewnie, opierając ciężar ciała jedynie na trzech nogach.

Buck atacó de nuevo e intentó derribarlo tres veces.

Buck zaatakował ponownie, trzykrotnie próbował go powalić.

En el cuarto intento utilizó el mismo movimiento con éxito.

Za czwartym razem zastosował ten sam ruch i odniósł sukces

Esta vez Buck logró morder la pata derecha de Spitz.

Tym razem Buckowi udało się ugryźć prawą nogę Spitz'a.

Spitz, aunque lisiado y en agonía, siguió luchando por sobrevivir.

Spitz, mimo że był kaleki i cierpiał, nadal walczył o przetrwanie.

Vio que el círculo de huskies se estrechaba, con las lenguas afuera y los ojos brillantes.

Widział, jak krąg husky zacieśnia się, wysuwa języki i świeci oczami.

Esperaron para devorarlo, tal como habían hecho con los otros.

Czekali tylko, żeby go pożreć, tak jak robili to z innymi.

Esta vez, él estaba en el centro; derrotado y condenado.

Tym razem stanął w centrum; pokonany i skazany na zagładę.

Ya no había opción de escapar para el perro blanco.

Biały pies nie miał już możliwości ucieczki.

Buck no mostró piedad, porque la piedad no pertenecía a la naturaleza.

Buck nie okazywał litości, gdyż na wolności litość nie była czymś powszechnym.

Buck se movió con cuidado, preparándose para la carga final.

Buck poruszał się ostrożnie, przygotowując się do ostatecznego ataku.

El círculo de perros esquimales se cerró; sintió sus respiraciones cálidas.

Krąg husky'ego zamknął się; poczuł ich ciepły oddech.

Se agacharon, preparados para saltar cuando llegara el momento.

Przycupnęli nisko, gotowi do skoku, gdy nadejdzie odpowiedni moment.

Spitz temblaba en la nieve, gruñendo y cambiando su postura.

Spitz zadrżał na śniegu, warcząc i zmieniając pozycję.

Sus ojos brillaban, sus labios se curvaron y sus dientes brillaron en una amenaza desesperada.

Jego oczy błyszczały, usta się wykrzywiały, a zęby błyskały w desperackim geście groźby.

Se tambaleó, todavía intentando contener el frío mordisco de la muerte.

Zatoczył się, wciąż próbując odeprzeć zimne ukąszenie śmierci.

Ya había visto esto antes, pero siempre desde el lado ganador.

Widział to już wcześniej, ale zawsze z perspektywy zwycięskiej strony.

Ahora estaba en el bando perdedor; el derrotado; la presa; la muerte.

Teraz był po przegranej stronie; pokonany; zdobycz; śmierć.

Buck voló en círculos para asestar el golpe final, mientras el círculo de perros se acercaba cada vez más.

Buck krążył, czekając na ostateczny cios, a krąg psów zaciskał się coraz bardziej.

Podía sentir sus respiraciones calientes; listas para matar.

Czuł ich gorące oddechy; gotowi do zabicia.

Se hizo un silencio absoluto, todo estaba en su lugar, el tiempo se había detenido.

Zapadła cisza, wszystko było na swoim miejscu, czas się zatrzymał.

Incluso el aire frío entre ellos se congeló por un último momento.

Nawet zimne powietrze między nimi zamarzło na jedną, ostatnią chwilę.

Sólo Spitz se movió, intentando contener su amargo final.

Tylko Spitz się poruszył, próbując uniknąć gorzkiego końca.

El círculo de perros se iba cerrando a su alrededor, tal como era su destino.

Krąg psów zaciskał się wokół niego, tak jak zamykało się jego przeznaczenie.

Ahora estaba desesperado, sabiendo lo que estaba a punto de suceder.

Teraz był zdesperowany, wiedząc, co się wydarzy.

Buck saltó y hombro con hombro chocó una última vez.

Buck skoczył do przodu i po raz ostatni zderzył się ramieniem.

Los perros se lanzaron hacia adelante, cubriendo a Spitz en la oscuridad nevada.

Psy rzuciły się do przodu, osłaniając Spitz w śnieżnej ciemności.

Buck observaba, erguido, vencedor en un mundo salvaje.

Buck obserwował, stojąc wysoko; zwycięzca w dzikim świecie.

La bestia primordial dominante había cometido su asesinato, y fue bueno.

Dominująca pierwotna bestia dokonała swego zabójstwa i było to dobre.

Aquel que ha alcanzado la maestría
Ten, który osiągnął mistrzostwo

¿Eh? ¿Qué dije? Digo la verdad cuando digo que Buck es un demonio.

„Eh? Co powiedziałem? Mówię prawdę, kiedy mówię, że Buck jest diabłem."

François dijo esto a la mañana siguiente después de descubrir que Spitz había desaparecido.

François powiedział to następnego ranka po odkryciu zaginięcia Spitza.

Buck permaneció allí, cubierto de heridas por la feroz pelea.

Buck stał tam, pokryty ranami odniesionymi w okrutnej walce.

François acercó a Buck al fuego y señaló las heridas.

François pociągnął Bucka w stronę ognia i wskazał na obrażenia.

"Ese Spitz peleó como Devik", dijo Perrault, mirando los profundos cortes.

„Ten Spitz walczył jak Devik" – powiedział Perrault, przyglądając się głębokim ranom.

—Y ese Buck peleó como dos demonios —respondió François inmediatamente.

„A ten Buck walczył jak dwa diabły" – odpowiedział natychmiast François.

"Ahora iremos a buen ritmo; no más Spitz, no más problemas".

„Teraz będziemy mieć dobry czas; nie będzie już Spitzów, nie będzie kłopotów."

Perrault estaba empacando el equipo y cargando el trineo con cuidado.

Perrault spakował sprzęt i starannie załadował sanie.

François enjaezó a los perros para prepararlos para la carrera del día.

François zaprzęgał psy, przygotowując je do biegu.

Buck trotó directamente a la posición de liderazgo que alguna vez ocupó Spitz.

Buck pobiegł prosto na pozycję prowadzącą, którą wcześniej zajmował Spitz.

Pero François, sin darse cuenta, condujo a Solleks hacia el frente.

Ale François, nie zauważając tego, poprowadził Solleksa na przód.

A juicio de François, Solleks era ahora el mejor perro guía.

Zdaniem François, Solleks był teraz najlepszym psem prowadzącym.

Buck se abalanzó furioso sobre Solleks y lo hizo retroceder en protesta.

Buck rzucił się na Solleksa ze złości i na znak protestu odepchnął go.

Se situó en el mismo lugar que una vez estuvo Spitz, ocupando la posición de liderazgo.

Stał tam, gdzie kiedyś stał Spitz, i domagał się pozycji lidera.

—¿Eh? ¿Eh? —gritó François, dándose palmadas en los muslos, divertido.

„Co? Co?" krzyknął François, uderzając się z rozbawieniem w uda.

—Mira a Buck. Mató a Spitz y ahora quiere aceptar el trabajo.

„Spójrz na Bucka – zabił Spitza, teraz chce wziąć na siebie tę robotę!"

—¡Vete, Chook! —gritó, intentando ahuyentar a Buck.

„Odejdź, Chook!" – krzyknął, próbując odgonić Bucka.

Pero Buck se negó a moverse y se mantuvo firme en la nieve.

Jednak Buck nie chciał się ruszyć i stał twardo na śniegu.

François agarró a Buck por la nuca y lo arrastró a un lado.

François złapał Bucka za kark i odciągnął go na bok.

Buck gruñó bajo y amenazante, pero no atacó.

Buck warknął nisko i groźnie, ale nie zaatakował.

François puso a Solleks de nuevo en cabeza, intentando resolver la disputa.

François ponownie dał Solleksowi prowadzenie, próbując rozstrzygnąć spór

El perro viejo mostró miedo de Buck y no quería quedarse.

Stary pies bał się Bucka i nie chciał zostać.

Cuando François le dio la espalda, Buck expulsó nuevamente a Solleks.

Kiedy François odwrócił się, Buck ponownie wyrzucił Solleksa.

Solleks no se resistió y se hizo a un lado silenciosamente una vez más.

Solleks nie stawiał oporu i po raz kolejny cicho odsunął się na bok.

François se enojó y gritó: "¡Por Dios, te arreglo!"

François wpadł w złość i krzyknął: „Na Boga, już cię naprawiłem!"

Se acercó a Buck sosteniendo un pesado garrote en su mano.

Podszedł do Bucka trzymając w ręku ciężki kij.

Buck recordaba bien al hombre del suéter rojo.

Buck dobrze pamiętał mężczyznę w czerwonym swetrze.

Se retiró lentamente, observando a François, pero gruñendo profundamente.

Wycofał się powoli, patrząc na François i warcząc głośno.

No se apresuró a regresar, incluso cuando Solleks ocupó su lugar.

Nie spieszył się z powrotem, nawet gdy Solleks stanął na jego miejscu.

Buck voló en círculos fuera de su alcance, gruñendo con furia y protesta.

Buck krążył tuż poza zasięgiem, warcząc z wściekłości i protestu.

Mantuvo la vista fija en el palo, dispuesto a esquivarlo si François lanzaba.

Nie spuszczał wzroku z kija, gotowy uchylić się od niego, gdyby François rzucił.

Se había vuelto sabio y cauteloso en cuanto a las costumbres de los hombres con armas.

Stał się mądry i ostrożny w postępowaniu ludzi z bronią.

François se dio por vencido y llamó a Buck nuevamente a su antiguo lugar.

François się poddał i ponownie zaprosił Bucka do jego dawnego miejsca.

Pero Buck retrocedió con cautela, negándose a obedecer la orden.

Jednak Buck ostrożnie się cofnął i odmówił wykonania rozkazu.

François lo siguió, pero Buck sólo retrocedió unos pasos más.

François poszedł za nim, ale Buck cofnął się tylko o kilka kroków.

Después de un tiempo, François arrojó el arma al suelo, frustrado.

Po chwili François ze złości rzucił broń.

Pensó que Buck tenía miedo de que le dieran una paliza y que iba a venir sin hacer mucho ruido.

Myślał, że Buck boi się bicia i przyjdzie cicho.

Pero Buck no estaba evitando el castigo: estaba luchando por su rango.

Ale Buck nie unikał kary – walczył o rangę.

Se había ganado el puesto de perro líder mediante una pelea a muerte.

Zdobył pozycję psa prowadzącego dzięki walce na śmierć i życie

No iba a conformarse con nada menos que ser el líder.

nie zamierzał zadowolić się niczym innym niż rolą przywódcy.

Perrault participó en la persecución para ayudar a atrapar al rebelde Buck.

Perrault wziął udział w pościgu, aby pomóc złapać zbuntowanego Bucka.

Juntos lo hicieron correr alrededor del campamento durante casi una hora.

Razem oprowadzali go po obozie przez prawie godzinę.

Le lanzaron garrotes, pero Buck los esquivó hábilmente.

Rzucali w niego pałkami, ale Buck zręcznie unikał ciosów.

Lo maldijeron a él, a sus padres, a sus descendientes y a cada cabello que tenía.

Przeklinali jego, jego przodków, jego potomków i każdy jego włos.

Pero Buck sólo gruñó y se quedó fuera de su alcance.

Ale Buck tylko warknął w odpowiedzi i pozostał poza ich zasięgiem.

Nunca intentó huir, sino que rodeó el campamento deliberadamente.

Nigdy nie próbował uciekać, ale celowo krążył wokół obozu.

Dejó claro que obedecería una vez que le dieran lo que quería.

Dał jasno do zrozumienia, że posłucha, gdy tylko dadzą mu to, czego chce.

François finalmente se sentó y se rascó la cabeza con frustración.

François w końcu usiadł i z frustracją podrapał się po głowie.

Perrault miró su reloj, maldijo y murmuró algo sobre el tiempo perdido.

Perrault spojrzał na zegarek, zaklął i mruknął coś o utraconym czasie.

Ya había pasado una hora cuando debían estar en el sendero.

Minęła już godzina, a powinni już być na szlaku.

François se encogió de hombros tímidamente y miró al mensajero, quien suspiró derrotado.

François zawstydzony wzruszył ramionami i spojrzał na kuriera, który westchnął z rezygnacją.

Entonces François se acercó a Solleks y llamó a Buck una vez más.

Następnie François podszedł do Solleksa i ponownie zawołał Bucka.

Buck se rió como se ríe un perro, pero mantuvo una distancia cautelosa.

Buck śmiał się jak pies, lecz zachował ostrożny dystans.

François le quitó el arnés a Solleks y lo devolvió a su lugar.

François zdjął uprząż Solleksowi i odprowadził go na jego miejsce.

El equipo de trineo estaba completamente arneses y solo había un lugar libre.

Zespół saneczkowy był w pełni wyposażony, a tylko jedno miejsce było wolne.

La posición de liderazgo quedó vacía, claramente destinada solo para Buck.

Pozycja lidera pozostała pusta, najwyraźniej przeznaczona tylko dla Bucka.

François volvió a llamar, y nuevamente Buck rió y se mantuvo firme.

François zawołał ponownie i Buck znów się roześmiał i pozostał na swoim miejscu.

—Tira el garrote —ordenó Perrault sin dudarlo.

„Rzuć maczugę" – rozkazał Perrault bez wahania.

François obedeció y Buck inmediatamente trotó hacia adelante orgulloso.

François posłuchał, a Buck natychmiast dumnie ruszył naprzód.

Se rió triunfante y asumió la posición de líder.

Roześmiał się triumfalnie i wysunął się na prowadzenie.

François aseguró sus correajes y el trineo se soltó.

François zabezpieczył swoje liny i sanie uwolniły się.

Ambos hombres corrieron al lado del equipo mientras corrían hacia el sendero del río.

Obaj mężczyźni biegli obok drużyny wbiegającej na szlak wzdłuż rzeki.

François tenía en alta estima a los "dos demonios" de Buck.

François miał wysokie mniemanie o „dwóch diabłach" Bucka,

Pero pronto se dio cuenta de que en realidad había subestimado al perro.

ale wkrótce zdał sobie sprawę, że tak naprawdę niedocenił psa.

Buck asumió rápidamente el liderazgo y trabajó con excelencia.

Buck szybko objął przywództwo i wykazał się doskonałością.

En juicio, pensamiento rápido y acción veloz, Buck superó a Spitz.

Jeśli chodzi o ocenę sytuacji, szybkie myślenie i szybkie działanie, Buck przewyższył Spitza.

François nunca había visto un perro igual al que Buck mostraba ahora.

François nigdy nie widział psa o wyglądzie podobnym do tego, jaki prezentował teraz Buck.

Pero Buck realmente sobresalía en imponer el orden e imponer respeto.

Ale Buck naprawdę potrafił zaprowadzać porządek i budzić szacunek.

Dave y Solleks aceptaron el cambio sin preocupación ni protesta.

Dave i Solleks zaakceptowali zmianę bez obaw czy protestów.

Se concentraron únicamente en el trabajo y en tirar con fuerza de las riendas.

Skupiali się tylko na pracy i mocnym pociąganiu za lejce.

A ellos les importaba poco quién iba delante, siempre y cuando el trineo siguiera moviéndose.

Nie miało dla nich znaczenia, kto prowadzi, dopóki sanie poruszały się.

Billee, la alegre, podría haber liderado todo lo que a ellos les importaba.

Billee, ta pogodna, mogłaby przewodzić, jeśli o to im chodziło.

Lo que les importaba era la paz y el orden en las filas.

Dla nich liczył się spokój i porządek w szeregach.

El resto del equipo se había vuelto rebelde durante la decadencia de Spitz.

Reszta zespołu stała się niepokorna, gdy Spitz podupadł na zdrowiu.

Se sorprendieron cuando Buck inmediatamente los puso en orden.

Byli zszokowani, gdy Buck natychmiast przywrócił im porządek.

Pike siempre había sido perezoso y arrastraba los pies detrás de Buck.

Pike zawsze był leniwy i ociągał się z Buckiem.

Pero ahora el nuevo liderazgo lo ha disciplinado severamente.

Ale teraz nowe kierownictwo zastosowało wobec niego surową dyscyplinę.

Y rápidamente aprendió a aportar su granito de arena en el equipo.

Szybko nauczył się być ważnym graczem w drużynie.

Al final del día, Pike trabajó más duro que nunca.

Pod koniec dnia Pike pracował ciężej niż kiedykolwiek wcześniej.

Esa noche en el campamento, Joe, el perro amargado, finalmente fue sometido.

Tej nocy w obozie Joe, ponury pies, został w końcu uspokojony.

Spitz no logró disciplinarlo, pero Buck no falló.

Spitz nie zdołał go zdyscyplinować, ale Buck nie zawiódł.

Utilizando su mayor peso, Buck superó a Joe en segundos.

Wykorzystując swoją większą wagę, Buck w ciągu kilku sekund przytłoczył Joego.

Mordió y golpeó a Joe hasta que gimió y dejó de resistirse.

Gryzł i bił Joego, aż ten zaskomlał i przestał się opierać.

Todo el equipo mejoró a partir de ese momento.

Od tego momentu cały zespół zrobił krok naprzód.

Los perros recuperaron su antigua unidad y disciplina.

Psy odzyskały dawną jedność i dyscyplinę.

En Rink Rapids, se unieron dos nuevos huskies nativos, Teek y Koona.

W Rink Rapids dołączyły do nich dwa nowe rodzime husky – Teek i Koona.

El rápido entrenamiento que Buck les dio sorprendió incluso a François.

Szybkie wyszkolenie Bucka w tej dziedzinie zaskoczyło nawet François.

"¡Nunca hubo un perro como ese Buck!" gritó con asombro.

„Nigdy nie było takiego psa jak ten Buck!" – krzyknął ze zdumieniem.

¡No, jamás! ¡Vale mil dólares, por Dios!

„Nie, nigdy! On jest wart tysiąc dolarów, na Boga!"

—¿Eh? ¿Qué dices, Perrault? —preguntó con orgullo.

„Eh? Co ty na to, Perrault?" zapytał z dumą.

Perrault asintió en señal de acuerdo y revisó sus notas.

Perrault skinął głową na znak zgody i zajrzał do notatek.

Ya vamos por delante del cronograma y ganamos más cada día.

Już jesteśmy przed harmonogramem i każdego dnia zyskujemy więcej.

El sendero estaba duro y liso, sin nieve fresca.

Szlak był ubity i gładki, bez świeżego śniegu.

El frío era constante, rondando los cincuenta grados bajo cero durante todo el tiempo.

Panował stały chłód, temperatura wynosiła pięćdziesiąt stopni poniżej zera.

Los hombres cabalgaban y corrían por turnos para entrar en calor y ganar tiempo.

Mężczyźni na zmianę jechali i biegali, aby się ogrzać i zyskać na czasie.

Los perros corrían rápido, con pocas paradas y siempre avanzando.

Psy biegły szybko, zatrzymując się rzadko i cały czas parły do przodu.

El río Thirty Mile estaba casi congelado y era fácil cruzarlo.

Rzeka Thirty Mile była w większości zamarznięta i można było łatwo przepłynąć.

Salieron en un día lo que habían tardado diez días en llegar.

Wyszli w ciągu jednego dnia, podczas gdy dotarcie tam zajęło im dziesięć dni.

Hicieron una carrera de sesenta millas desde el lago Le Barge hasta White Horse.

Przebiegli sześćdziesiąt mil z jeziora Le Barge do White Horse.

A través de los lagos Marsh, Tagish y Bennett se movieron increíblemente rápido.

Przez jeziora Marsh, Tagish i Bennett poruszali się niewiarygodnie szybko.

El hombre corriendo remolcado detrás del trineo por una cuerda.

Biegnącego mężczyznę ciągnięto za saniami na linie.

En la última noche de la segunda semana llegaron a su destino.

Ostatniej nocy drugiego tygodnia dotarli do celu.

Habían llegado juntos a la cima del Paso Blanco.

Razem dotarli na szczyt Białej Przełęczy.

Descendieron al nivel del mar con las luces de Skaguay debajo de ellos.

Zniżyli się do poziomu morza, mając pod sobą światła Skaguay.

Había sido una carrera que estableció un récord a través de kilómetros de desierto frío.

To był rekordowy bieg przez wiele kilometrów zimnego pustkowia.

Durante catorce días seguidos, recorrieron un promedio de cuarenta millas.

Przez czternaście dni z rzędu pokonywali średnio czterdzieści mil.

En Skaguay, Perrault y François transportaban mercancías por la ciudad.

W Skaguay Perrault i François przewozili ładunki przez miasto.

Fueron aplaudidos y la multitud admirada les ofreció muchas bebidas.

Zachwycone tłumy entuzjastycznie ich witały i częstowały drinkami.

Los cazadores de perros y los trabajadores se reunieron alrededor del famoso equipo de perros.

Pogromcy psów i pracownicy zebrali się wokół słynnego psiego zaprzęgu.

Luego, los forajidos del oeste llegaron a la ciudad y sufrieron una derrota violenta.

Potem do miasta przybyli bandyci z Dzikiego Zachodu i ponieśli sromotną klęskę.

La gente pronto se olvidó del equipo y se centró en un nuevo drama.

Ludzie szybko zapomnieli o drużynie i skupili się na nowym dramacie.

Luego vinieron las nuevas órdenes que cambiaron todo de golpe.

Potem nadeszły nowe rozkazy, które od razu wszystko zmieniły.

François llamó a Buck y lo abrazó con orgullo entre lágrimas.

François zawołał Bucka do siebie i uściskał go ze łzami w oczach, z dumą.

Ese momento fue la última vez que Buck volvió a ver a François.

To był ostatni raz, kiedy Buck widział François.

Como muchos hombres antes, tanto François como Perrault se habían ido.

Podobnie jak wielu mężczyzn przed nimi, François i Perrault odeszli.

Un mestizo escocés se hizo cargo de Buck y sus compañeros de equipo de perros de trineo.

Dowódcą Bucka i jego psów zaprzęgowych został szkocki mieszaniec.

Con una docena de otros equipos de perros, regresaron por el sendero hasta Dawson.

Wraz z kilkunastoma innymi psimi zaprzęgami wrócili szlakiem do Dawson.

Ya no era una carrera rápida, solo un trabajo duro con una carga pesada cada día.

Teraz nie był to już szybki bieg, lecz ciężka praca z ciężkim ładunkiem każdego dnia.

Éste era el tren correo que llevaba noticias a los buscadores de oro cerca del Polo.

Był to pociąg pocztowy, który przywoził wieści poszukiwaczom złota w pobliżu bieguna.

A Buck no le gustaba el trabajo, pero lo soportaba bien y se enorgullecía de su esfuerzo.

Buckowi nie podobała się ta praca, ale dobrze ją znosił, będąc dumnym ze swojego wysiłku.

Al igual que Dave y Solleks, Buck mostró devoción por cada tarea diaria.

Podobnie jak Dave i Solleks, Buck wykazywał się oddaniem każdemu codziennemu zadaniu.

Se aseguró de que cada uno de sus compañeros hiciera su parte.

Upewniał się, że każdy z jego kolegów z drużyny wkłada w swoją pracę wystarczająco dużo wysiłku.

La vida en el sendero se volvió aburrida, repetida con la precisión de una máquina.

Życie na szlaku stało się nudne, powtarzane z precyzją maszyny.

Cada día parecía igual, una mañana se fundía con la siguiente.

Każdy dzień był taki sam, jeden poranek przechodził w kolejny.

A la misma hora, los cocineros se levantaron para hacer fogatas y preparar la comida.

O tej samej porze kucharze wstali, aby rozpalić ogniska i przygotować jedzenie.

Después del desayuno, algunos abandonaron el campamento mientras otros enjaezaron los perros.

Po śniadaniu część opuściła obóz, a inni zaprzęgli psy.

Se pusieron en marcha antes de que la tenue señal del amanecer tocara el cielo.

Wyruszyli na szlak zanim jeszcze na niebie pojawił się słaby blask świtu.

Por la noche se detenían para acampar, cada hombre con una tarea determinada.

Na noc zatrzymali się, aby rozbić obóz, każdy mając przydzielone obowiązki.

Algunos montaron tiendas de campaña, otros cortaron leña y recogieron ramas de pino.

Niektórzy rozbijali namioty, inni ścinali drewno na opał i zbierali gałęzie sosnowe.

Se llevaba agua o hielo a los cocineros para la cena.

Wodę lub lód zanoszono kucharzom na wieczorny posiłek.

Los perros fueron alimentados y esta fue la mejor parte del día para ellos.

Psy zostały nakarmione i była to dla nich najlepsza część dnia.

Después de comer pescado, los perros se relajaron y descansaron cerca del fuego.

Po zjedzeniu ryby psy odpoczywały i wylegiwały się przy ognisku.

Había otros cien perros en el convoy con los que mezclarse.

W konwoju znajdowało się jeszcze sto innych psów, z którymi można było się pobawić.

Muchos de esos perros eran feroces y rápidos para pelear sin previo aviso.

Wiele z tych psów było agresywnych i rzucało się do walki bez ostrzeżenia.

Pero después de tres victorias, Buck dominó incluso a los luchadores más feroces.

Ale po trzech zwycięstwach Buck pokonał nawet najzacieklejszych wojowników.

Cuando Buck gruñó y mostró los dientes, se hicieron a un lado.

Kiedy Buck warknął i pokazał zęby, odsunęli się na bok.

Quizás lo mejor de todo es que a Buck le encantaba tumbarse cerca de la fogata parpadeante.

A może Buck najbardziej lubił leżeć przy migoczącym ognisku.

Se agachó con las patas traseras dobladas y las patas delanteras estiradas hacia adelante.

Przykucnął, podkulając tylne nogi i wyciągając przednie do przodu.

Levantó la cabeza mientras parpadeaba suavemente ante las llamas brillantes.

Podniósł głowę i lekko mrugnął, patrząc na jaskrawe płomienie.

A veces recordaba la gran casa del juez Miller en Santa Clara.

Czasem przypominał sobie wielki dom sędziego Millera w Santa Clara.

Pensó en la piscina de cemento, en Ysabel y en el pug llamado Toots.

Pomyślał o cementowym basenie, o Ysabel i mopsie o imieniu Toots.

Pero más a menudo recordaba el garrote del hombre del suéter rojo.

Ale częściej przypominał sobie o pałce mężczyzny w czerwonym swetrze.

Recordó la muerte de Curly y su feroz batalla con Spitz.

Pamiętał śmierć Curly'ego i jego zaciętą walkę ze Spitzem.

También recordó la buena comida que había comido o con la que aún soñaba.

Przypomniał sobie także dobre jedzenie, które jadł i o którym wciąż śnił.

Buck no sentía nostalgia: el cálido valle era distante e irreal.

Buck nie tęsknił za domem – ciepła dolina wydawała mu się odległa i nierealna.

Los recuerdos de California ya no ejercían ninguna atracción sobre él.

Wspomnienia z Kalifornii nie miały już na niego żadnego wpływu.

Más fuertes que la memoria eran los instintos profundos en su linaje.

Silniejsze od pamięci były instynkty, zakorzenione głęboko w jego krwi.

Los hábitos que una vez se habían perdido habían regresado, revividos por el camino y la naturaleza.

Utracone kiedyś nawyki powróciły, przywrócone do życia przez szlak i dzicz.

Mientras Buck observaba la luz del fuego, a veces se convertía en otra cosa.

Kiedy Buck patrzył na blask ognia, czasami stawał się on czymś innym.

Vio a la luz del fuego otro fuego, más antiguo y más profundo que el actual.

W blasku ognia dostrzegł inny ogień, starszy i głębszy od obecnego.

Junto a ese otro fuego se agazapaba un hombre que no se parecía en nada al cocinero mestizo.

Obok drugiego ogniska kucał mężczyzna, który nie przypominał kucharza-mieszańca.

Esta figura tenía piernas cortas, brazos largos y músculos duros y anudados.

Ta postać miała krótkie nogi, długie ramiona i twarde, węzłowate mięśnie.

Su cabello era largo y enmarañado, y caía hacia atrás desde los ojos.

Jego włosy były długie i skołtunione, opadające do tyłu od oczu.

Hizo ruidos extraños y miró con miedo hacia la oscuridad.

Wydawał dziwne dźwięki i ze strachem patrzył w ciemność.

Sostenía agachado un garrote de piedra, firmemente agarrado con su mano larga y áspera.

Trzymał nisko kamienną maczugę, mocno ściskając ją w długiej, szorstkiej dłoni.

El hombre vestía poco: sólo una piel carbonizada que le colgaba por la espalda.

Mężczyzna miał na sobie niewiele; jedynie zwęgloną skórę zwisającą mu na plecach.

Su cuerpo estaba cubierto de espeso vello en los brazos, el pecho y los muslos.

Jego ciało pokrywała gęsta sierść na ramionach, klatce piersiowej i udach.

Algunas partes del cabello estaban enredadas en parches de pelaje áspero.

Niektóre części sierści były splątane i tworzyły kępki szorstkiego futra.

No se mantenía erguido, sino inclinado hacia delante desde las caderas hasta las rodillas.

Nie stał prosto, lecz pochylił się do przodu od bioder do kolan.

Sus pasos eran elásticos y felinos, como si estuviera siempre dispuesto a saltar.

Jego kroki były sprężyste i kocie, jakby zawsze był gotowy do skoku.

Había un estado de alerta agudo, como si viviera con miedo constante.

Odczuwał ogromną czujność, jakby żył w ciągłym strachu.

Este hombre anciano parecía esperar el peligro, ya sea que lo viera o no.

Wydawało się, że ten starożytny człowiek spodziewał się niebezpieczeństwa, niezależnie od tego, czy zagrożenie było widoczne, czy nie.

A veces, el hombre peludo dormía junto al fuego, con la cabeza metida entre las piernas.

Czasami kudłaty mężczyzna spał przy ogniu, z głową schowaną między nogami.

Sus codos descansaban sobre sus rodillas, sus manos entrelazadas sobre su cabeza.

Jego łokcie spoczywały na kolanach, a ręce złożone były nad głową.

Como un perro, usó sus brazos peludos para protegerse de la lluvia que caía.

Podobnie jak pies, używał swych owłosionych ramion, by chronić się przed padającym deszczem.

Más allá de la luz del fuego, Buck vio dos brasas brillando en la oscuridad.

Poza blaskiem ognia Buck dostrzegł dwa żarzące się w ciemności węgle.

Siempre de dos en dos, eran los ojos de las bestias rapaces al acecho.

Zawsze po dwie, były to oczy polujących drapieżników.

Escuchó cuerpos chocando contra la maleza y ruidos en la noche.

Słyszał, jak ciała przebijają się przez zarośla i jakie dźwięki dochodzą z nocy.

Acostado en la orilla del Yukón, parpadeando, Buck soñaba junto al fuego.

Leżąc na brzegu Jukonu, mrugając oczami, Buck śnił przy ogniu.

Las vistas y los sonidos de ese mundo salvaje le ponían los pelos de punta.

Widoki i odgłosy tego dzikiego świata sprawiły, że włosy stanęły mu dęba.

El pelaje se le subió por la espalda, los hombros y el cuello.

Futro jeżyło mu się na grzbiecie, ramionach i szyi.

Él gimió suavemente o emitió un gruñido bajo y profundo en su pecho.

Cicho zaskomlał lub wydał z siebie niski pomruk z głębi piersi.

Entonces el cocinero mestizo gritó: "¡Oye, Buck, despierta!"

Wtedy kucharz-mieszaniec krzyknął: „Hej, ty Buck, obudź się!"

El mundo de los sueños desapareció y la vida real regresó a los ojos de Buck.

Świat marzeń rozwiał się, a w oczach Bucka znów pojawiła się rzeczywistość.

Iba a levantarse, estirarse y bostezar, como si acabara de despertar de una siesta.

Miał zamiar wstać, przeciągnąć się i ziewnąć, tak jakby obudził się po drzemce.

El viaje fue duro, con el trineo del correo arrastrándose detrás de ellos.

Podróż była ciężka, bo za nimi ciągnęły się sanie pocztowe.

Las cargas pesadas y el trabajo duro agotaban a los perros cada largo día.

Ciężkie ładunki i ciężka praca wykańczały psy każdego długiego dnia.

Llegaron a Dawson delgados, cansados y necesitando más de una semana de descanso.

Dotarli do Dawson wychudzeni, zmęczeni i potrzebujący ponad tygodniowego odpoczynku.

Pero sólo dos días después, emprendieron nuevamente el descenso por el Yukón.

Ale już dwa dni później wyruszyli ponownie w dół Jukonu.

Estaban cargados con más cartas destinadas al mundo exterior.

Były załadowane większą ilością listów przeznaczonych na zewnątrz.

Los perros estaban exhaustos y los hombres se quejaban constantemente.

Psy były wyczerpane, a mężczyźni ciągle narzekali.

La nieve caía todos los días, suavizando el camino y ralentizando los trineos.

Śnieg padał każdego dnia, zmiękczając szlak i spowalniając sanki.

Esto provocó que el tirón fuera más difícil y hubo más resistencia para los corredores.

To powodowało, że ciągnięcie było trudniejsze, a biegacze stawiali większy opór.

A pesar de eso, los pilotos fueron justos y se preocuparon por sus equipos.

Mimo to kierowcy byli uczciwi i dbali o swoje zespoły.

Cada noche, los perros eran alimentados antes de que los hombres pudieran comer.

Każdej nocy psy były karmione zanim mężczyźni zabrali się do jedzenia.

Ningún hombre duerme sin antes revisar las patas de su propio perro.

Żaden człowiek nie zasnął, nie sprawdziwszy nóg swojego psa.

Aún así, los perros se fueron debilitando a medida que los kilómetros iban desgastando sus cuerpos.

Jednak psy były coraz słabsze, im więcej przemierzały kilometrów.

Habían viajado mil ochocientas millas durante el invierno.

Przebyli tysiąc osiemset mil w ciągu zimy.

Tiraron de trineos a lo largo de cada milla de esa brutal distancia.

Przemierzali każdy kilometr tego brutalnego dystansu na saniach.

Incluso los perros de trineo más resistentes sienten tensión después de tantos kilómetros.

Nawet najwytrzymalsze psy zaprzęgowe odczuwają zmęczenie po przebyciu tylu kilometrów.

Buck aguantó, mantuvo a su equipo trabajando y mantuvo la disciplina.

Buck wytrwał, dbał o to, by jego zespół pracował i zachowywał dyscyplinę.

Pero Buck estaba cansado, al igual que los demás en el largo viaje.

Ale Buck był zmęczony, tak jak pozostali uczestnicy długiej podróży.

Billee gemía y lloraba mientras dormía todas las noches sin falta.

Billee każdej nocy bez wyjątku płakał i kwękał przez sen.

Joe se volvió aún más amargado y Solleks se mantuvo frío y distante.

Joe stawał się coraz bardziej zgorzkniały, a Solleks pozostał chłodny i dystansujący się.

Pero fue Dave quien sufrió más de todo el equipo.

Jednak to Dave cierpiał najbardziej z całego zespołu.

Algo había ido mal dentro de él, aunque nadie sabía qué.

Coś w jego wnętrzu poszło nie tak, chociaż nikt nie wiedział co.

Se volvió más malhumorado y les gritaba a los demás con creciente enojo.

Stał się bardziej ponury i krzyczał na innych z rosnącym gniewem.

Cada noche iba directo a su nido, esperando ser alimentado.

Każdej nocy szedł prosto do swojego gniazda, czekając na jedzenie.

Una vez que cayó, Dave no se levantó hasta la mañana.

Gdy już znalazł się na dole, Dave nie wstał aż do rana.

En las riendas, tirones o arranques repentinos le hacían gritar de dolor.

Gdy był na wodzach, nagłe szarpnięcia lub ruszenia wywoływały u niego krzyk bólu.

Su conductor buscó la causa, pero no encontró heridos.
Jego kierowca szukał przyczyny, ale nie znalazł u niego
żadnych obrażeń.
**Todos los conductores comenzaron a observar a Dave y
discutieron su caso.**
Wszyscy kierowcy zaczęli obserwować Dave'a i omawiać jego
przypadek.
**Hablaron durante las comidas y durante el último cigarrillo
del día.**
Rozmawiali przy posiłkach i przy ostatnim papierosie tego
dnia.
Una noche tuvieron una reunión y llevaron a Dave al fuego.
Pewnej nocy zorganizowali zebranie i przyprowadzili Dave'a
do ogniska.
Le apretaron y le palparon el cuerpo, y él gritaba a menudo.
Naciskali i badali jego ciało, a on często krzyczał.
**Estaba claro que algo iba mal, aunque no parecía haber
ningún hueso roto.**
Było jasne, że coś jest nie tak, chociaż żadna kość nie
wyglądała na złamaną.
Cuando llegaron a Cassiar Bar, Dave se estaba cayendo.
Gdy dotarli do Cassiar Bar, Dave był już w rozsypce.
**El mestizo escocés pidió un alto y eliminó a Dave del
equipo.**
Szkocki mieszaniec przerwał działania i usunął Dave'a z
drużyny.
**Sujetó a Solleks en el lugar de Dave, más cerca del frente del
trineo.**
Zapiął Solleksa na miejscu Dave'a, najbliżej przodu sań.
**Su intención era dejar que Dave descansara y corriera
libremente detrás del trineo en movimiento.**
Zamierzał pozwolić Dave'owi odpocząć i pobiegać swobodnie
za jadącymi saniami.
**Pero incluso estando enfermo, Dave odiaba que lo sacaran
del trabajo que había tenido.**
Ale nawet będąc chorym, Dave nie znosił, gdy odebrano mu
pracę, którą kiedyś zajmował.

Gruñó y gimió cuando le quitaron las riendas del cuerpo.

Warczał i skomlał, gdy szarpano go za lejce.

Cuando vio a Solleks en su lugar, lloró con el corazón roto.

Gdy zobaczył Solleksa na swoim miejscu, rozpłakał się z bólu i rozpaczy.

El orgullo por el trabajo en los senderos estaba profundamente arraigado en Dave, incluso cuando se acercaba la muerte.

Dave czuł głęboką dumę z pracy na szlaku, nawet gdy zbliżała się śmierć.

Mientras el trineo se movía, Dave se tambaleaba sobre la nieve blanda cerca del sendero.

Gdy sanki się poruszały, Dave brnął przez miękki śnieg w pobliżu szlaku.

Atacó a Solleks, mordiéndolo y empujándolo desde el costado del trineo.

Zaatakował Solleksa, gryząc go i popychając od strony sań.

Dave intentó saltar al arnés y recuperar su lugar de trabajo.

Dave próbował wskoczyć w uprząż i odzyskać swoje miejsce pracy.

Gritó, se quejó y lloró, dividido entre el dolor y el orgullo por el trabajo.

Krzyczał, jęczał i płakał, rozdarty między bólem a dumą z porodu.

El mestizo usó su látigo para intentar alejar a Dave del equipo.

Mieszaniec próbował za pomocą bata odgonić Dave'a od drużyny.

Pero Dave ignoró el látigo y el hombre no pudo golpearlo más fuerte.

Ale Dave zignorował cios, a mężczyzna nie mógł uderzyć go mocniej.

Dave rechazó el camino más fácil detrás del trineo, donde la nieve estaba acumulada.

Dave odmówił łatwiejszej drogi za saniami, gdzie śnieg był ubity.

En cambio, luchaba en la nieve profunda junto al sendero, en la miseria.

Zamiast tego, zmagał się z głębokim śniegiem przy szlaku, pogrążony w rozpaczy.

Finalmente, Dave se desplomó, quedó tendido en la nieve y aullando de dolor.

W końcu Dave upadł, leżał na śniegu i wył z bólu.

Gritó cuando el largo tren de trineos pasó a su lado uno por uno.

Krzyknął, gdy długi sznur sań przejeżdżał obok niego jeden po drugim.

Aún con las fuerzas que le quedaban, se levantó y tropezó tras ellos.

Jednak ostatkiem sił podniósł się i powlókł za nimi.

Lo alcanzó cuando el tren se detuvo nuevamente y encontró su viejo trineo.

Dogonił go, gdy pociąg znów się zatrzymał i odnalazł swoje stare sanki.

Pasó junto a los otros equipos y se quedó de nuevo al lado de Solleks.

Prześlizgnął się obok pozostałych drużyn i ponownie stanął obok Solleksa.

Cuando el conductor se detuvo para encender su pipa, Dave aprovechó su última oportunidad.

Kiedy kierowca zatrzymał się, by zapalić fajkę, Dave wykorzystał ostatnią szansę.

Cuando el conductor regresó y gritó, el equipo no avanzó.

Gdy kierowca wrócił i krzyknął, drużyna nie ruszyła dalej.

Los perros habían girado la cabeza, confundidos por la parada repentina.

Psy odwróciły głowy, zdezorientowane nagłą przerwą.

El conductor también estaba sorprendido: el trineo no se había movido ni un centímetro hacia adelante.

Kierowca również był zszokowany — sanie nie przesunęły się ani o cal do przodu.

Llamó a los demás para que vinieran a ver qué había sucedido.

Zawołał do pozostałych, żeby przyszli i zobaczyli, co się stało.

Dave había mordido las riendas de Solleks, rompiéndolas ambas.

Dave przegryzł lejce Solleksa, rozrywając je na kawałki.

Ahora estaba de pie frente al trineo, nuevamente en su posición correcta.

Teraz stanął przed saniami, wracając na swoją właściwą pozycję.

Dave miró al conductor y le rogó en silencio que se mantuviera en el carril.

Dave spojrzał na kierowcę, błagając go w duchu, aby ten nie schodził z trasy.

El conductor estaba desconcertado, sin saber qué hacer con el perro que luchaba.

Kierowca był zdezorientowany i nie wiedział, co zrobić z walczącym psem.

Los otros hombres hablaron de perros que habían muerto al ser sacados a la calle.

Pozostali mężczyźni opowiadali o psach, które zdechły podczas wyprowadzania.

Contaron sobre perros viejos o heridos cuyo corazón se rompió al ser abandonados.

Opowiadali o starych i rannych psach, których serca pękały, gdy je zostawiano.

Estuvieron de acuerdo en que era una misericordia dejar que Dave muriera mientras aún estaba en su arnés.

Zgodzili się, że pozwolenie Dave'owi umrzeć, gdy był jeszcze w uprzęży, było aktem miłosierdzia.

Lo volvieron a sujetar al trineo y Dave tiró con orgullo.

Przypięto go z powrotem do sań, a Dave ciągnął z dumą.

Aunque a veces gritaba, trabajaba como si el dolor pudiera ignorarse.

Choć czasami krzyczał, zachowywał się tak, jakby ból można było ignorować.

Más de una vez se cayó y fue arrastrado antes de levantarse de nuevo.

Nie raz upadał i był ciągnięty, zanim zdołał się podnieść.

Un día, el trineo pasó por encima de él y desde ese momento empezó a cojear.

W pewnym momencie sanki przewróciły się na niego i od tego momentu utykał.

Aún así, trabajó hasta llegar al campamento y luego se acostó junto al fuego.

Mimo to pracował aż dotarli do obozu, a potem położył się przy ognisku.

Por la mañana, Dave estaba demasiado débil para viajar o incluso mantenerse en pie.

Rano Dave był zbyt słaby, aby podróżować, a nawet stać prosto.

En el momento de preparar el arnés, intentó alcanzar a su conductor con un esfuerzo tembloroso.

Podczas zaprzęgu próbował dotrzeć do kierowcy, drżąc z wysiłku.

Se obligó a levantarse, se tambaleó y se desplomó sobre el suelo nevado.

Zmusił się do podniesienia, zatoczył się i padł na zaśnieżoną ziemię.

Utilizando sus patas delanteras, arrastró su cuerpo hacia el área del arnés.

Używając przednich nóg, pociągnął ciało w kierunku miejsca założenia uprzęży.

Avanzó poco a poco, centímetro a centímetro, hacia los perros de trabajo.

Zbliżał się, cal po calu, do pracujących psów.

Sus fuerzas se acabaron, pero siguió avanzando en su último y desesperado esfuerzo.

Siły go opuściły, lecz kontynuował swój ostatni desperacki atak.

Sus compañeros de equipo lo vieron jadeando en la nieve, todavía deseando unirse a ellos.

Jego koledzy z drużyny widzieli, jak dyszy na śniegu, wciąż pragnąc do nich dołączyć.

Lo oyeron aullar de dolor mientras dejaban atrás el campamento.

Słyszeli, jak wył z żalu, gdy opuszczali obóz.

Cuando el equipo desapareció entre los árboles, el grito de Dave resonó detrás de ellos.

Gdy drużyna zniknęła między drzewami, za nimi rozległ się krzyk Dave'a.

El tren de trineos se detuvo brevemente después de cruzar un tramo de bosque junto al río.

Pociąg saneczkowy zatrzymał się na krótko po przejechaniu przez odcinek lasu nadrzecznego.

El mestizo escocés caminó lentamente de regreso hacia el campamento que estaba detrás.

Szkocki półkrwi powoli ruszył z powrotem w stronę obozu.

Los hombres dejaron de hablar cuando lo vieron salir del tren de trineos.

Mężczyźni przestali rozmawiać, gdy zobaczyli, że wysiada z pociągu.

Entonces un único disparo se oyó claro y nítido en el camino.

Wtedy pojedynczy strzał rozległ się wyraźnie i ostro na szlaku.

El hombre regresó rápidamente y ocupó su lugar sin decir palabra.

Mężczyzna wrócił szybko i zajął swoje miejsce, nie mówiąc ani słowa.

Los látigos crujieron, las campanas tintinearon y los trineos rodaron por la nieve.

Strzelały baty, dzwoniły dzwonki, a sanki toczyły się po śniegu.

Pero Buck sabía lo que había sucedido... y todos los demás perros también.

Ale Buck wiedział, co się stało, tak samo jak każdy inny pies.

El trabajo de las riendas y el sendero
Męka cugli i szlaku

Treinta días después de salir de Dawson, el Salt Water Mail llegó a Skaguay.
Trzydzieści dni po opuszczeniu Dawson, statek Salt Water Mail dotarł do Skaguay.

Buck y sus compañeros tomaron la delantera, llegando en lamentables condiciones.
Buck i jego koledzy z drużyny wyszli na prowadzenie, docierając na metę w opłakanym stanie.

Buck había bajado de ciento cuarenta a ciento quince libras.
Buck schudł ze stu czterdziestu do stu piętnastu funtów.

Los otros perros, aunque más pequeños, habían perdido aún más peso corporal.
Pozostałe psy, mimo że mniejsze, straciły jeszcze więcej na wadze.

Pike, que antes fingía cojear, ahora arrastraba tras él una pierna realmente herida.
Pike, który kiedyś udawał utykanie, teraz ciągnął za sobą poważnie kontuzjowaną nogę.

Solleks cojeaba mucho y Dub tenía un omóplato torcido.
Solleks mocno utykał, a Dub miał złamaną łopatkę.

Todos los perros del equipo tenían las patas doloridas por las semanas que pasaron en el sendero helado.
Każdy pies w zespole miał obolałe nogi od tygodni spędzonych na zamarzniętym szlaku.

Ya no tenían resorte en sus pasos, sólo un movimiento lento y arrastrado.
Ich kroki nie były już sprężyste, poruszali się jedynie powoli i powłócząc nogami.

Sus pies golpeaban el sendero con fuerza y cada paso añadía más tensión a sus cuerpos.
Ich stopy mocno uderzają o szlak, każdy krok powoduje większe obciążenie ciała.

No estaban enfermos, sólo agotados más allá de toda recuperación natural.

Nie byli chorzy, tylko wyczerpani do tego stopnia, że nie mogli już normalnie wyzdrowieć.

No era el cansancio de un día duro que se curaba con una noche de descanso.

Nie było to zmęczenie po ciężkim dniu, które można wyleczyć nocnym odpoczynkiem.

Fue un agotamiento acumulado lentamente a lo largo de meses de esfuerzo agotador.

To było wyczerpanie, narastające powoli, przez miesiące wyczerpującego wysiłku.

No quedaban reservas de fuerza: habían agotado todas las que tenían.

Nie mieli już żadnych rezerwowych sił – wykorzystali wszystkie, jakie mieli.

Cada músculo, fibra y célula de sus cuerpos estaba gastado y desgastado.

Każdy mięsień, włókno i komórka w ich ciałach były zużyte i wyeksploatowane.

Y había una razón: habían recorrido dos mil quinientas millas.

I był ku temu powód — przejechali łącznie dwadzieścia pięćset mil.

Habían descansado sólo cinco días durante las últimas mil ochocientas millas.

W ciągu ostatnich tysiąca ośmiuset mil odpoczywali tylko pięć dni.

Cuando llegaron a Skaguay, parecían apenas capaces de mantenerse en pie.

Gdy dotarli do Skaguay, wyglądało na to, że ledwo mogą ustać na nogach.

Se esforzaron por mantener las riendas tensas y permanecer delante del trineo.

Starali się trzymać lejce mocno i utrzymać się przed saniami.

En las bajadas sólo lograron evitar ser atropellados.

Na zjazdach udało im się jedynie uniknąć potrącenia.

"Sigan adelante, pobres pies doloridos", dijo el conductor mientras cojeaban.

„Idźcie dalej, biedne, obolałe stopy" – powiedział kierowca, gdy utykali.

"Este es el último tramo, luego todos tendremos un largo descanso, seguro".

„To jest ostatni odcinek, potem na pewno wszyscy będziemy mieli długi odpoczynek".

"Un descanso verdaderamente largo", prometió mientras los observaba tambalearse hacia adelante.

„Jeden naprawdę długi odpoczynek" – obiecał, patrząc, jak zataczają się do przodu.

Los conductores esperaban que ahora tuvieran un descanso largo y necesario.

Kierowcy spodziewali się, że teraz będą mogli zrobić sobie długą, potrzebną przerwę.

Habían recorrido mil doscientas millas con sólo dos días de descanso.

Przebyli tysiąc dwieście mil, odpoczywając zaledwie dwa dni.

Por justicia y razón, sintieron que se habían ganado tiempo para relajarse.

Uczciwie i rozsądnie uważali, że zasłużyli na czas na relaks.

Pero eran demasiados los que habían llegado al Klondike y muy pocos los que se habían quedado en casa.

Ale zbyt wielu przybyło nad Klondike, a zbyt niewielu zostało w domu.

Las cartas de las familias llegaron en masa, creando montañas de correo retrasado.

Zalewająca miasto korespondencja od rodzin zalewała domki, tworząc stosy opóźnionej poczty.

Llegaron órdenes oficiales: nuevos perros de la Bahía de Hudson tomarían el control.

Przyszły oficjalne rozkazy — nowe psy z Zatoki Hudsona miały przejąć władzę.

Los perros exhaustos, ahora llamados inútiles, debían ser eliminados.

Wyczerpane psy, teraz uznane za bezwartościowe, miały zostać usunięte.

Como el dinero importaba más que los perros, los iban a vender a bajo precio.

Ponieważ pieniądze były dla nich ważniejsze od psów, zamierzano je sprzedać tanio.

Pasaron tres días más antes de que los perros sintieran lo débiles que estaban.

Minęły kolejne trzy dni, zanim psy poczuły, jak bardzo są osłabione.

En la cuarta mañana, dos hombres de Estados Unidos compraron todo el equipo.

Czwartego ranka dwóch mężczyzn ze Stanów wykupiło cały zespół.

La venta incluía todos los perros, además de sus arneses usados.

Sprzedaż obejmowała wszystkie psy wraz ze zużytymi szelkami.

Los hombres se llamaban entre sí "Hal" y "Charles" mientras completaban el trato.

Mężczyźni zwracali się do siebie „Hal" i „Charles", finalizując transakcję.

Charles era un hombre de mediana edad, pálido, con labios flácidos y puntas de bigote feroces.

Charles był mężczyzną w średnim wieku, bladym, o wiotkich ustach i ostrych końcówkach wąsów.

Hal era un hombre joven, de unos diecinueve años, que llevaba un cinturón lleno de cartuchos.

Hal był młodym mężczyzną, miał może dziewiętnaście lat i nosił pas wypchany nabojami.

El cinturón contenía un gran revólver y un cuchillo de caza, ambos sin usar.

Na pasku znajdował się duży rewolwer i nóż myśliwski, oba nieużywane.

Esto demostró lo inexperto e inadecuado que era para la vida en el norte.

Pokazywało to jego niedoświadczenie i nieprzygotowanie do życia na północy.

Ninguno de los dos pertenecía a la naturaleza; su presencia desafiaba toda razón.

Żaden z nich nie należał do dzikich zwierząt; ich obecność przeczyła wszelkiemu zdrowemu rozsądkowi.

Buck observó cómo el dinero intercambiaba manos entre el comprador y el agente.

Buck obserwował, jak pieniądze przechodziły z rąk do rąk między kupującym a agentem.

Sabía que los conductores de trenes correos abandonaban su vida como el resto.

Wiedział, że maszyniści pociągów pocztowych odchodzą z jego życia tak jak pozostali.

Siguieron a Perrault y a François, ahora desaparecidos sin posibilidad de recuperación.

Poszli za Perraultem i François, których już nie można było odszukać.

Buck y el equipo fueron conducidos al descuidado campamento de sus nuevos dueños.

Buck i jego drużyna zostali zaprowadzeni do brudnego obozowiska nowych właścicieli.

La tienda se hundía, los platos estaban sucios y todo estaba desordenado.

Namiot zapadł się, naczynia były brudne, a wszystko leżało w nieładzie.

Buck también notó que había una mujer allí: Mercedes, la esposa de Charles y hermana de Hal.

Buck zauważył tam również kobietę – Mercedes, żonę Charlesa i siostrę Hala.

Formaban una familia completa, aunque no eran aptos para el recorrido.

Stanowili kompletną rodzinę, choć daleko im było do przystosowania do szlaku.

Buck observó nervioso cómo el trío comenzó a empacar los suministros.

Buck nerwowo obserwował, jak trójka zaczyna pakować rzeczy.

Trabajaron duro, pero sin orden: sólo alboroto y esfuerzos desperdiciados.

Pracowali ciężko, ale bez ładu i składu – tylko zamieszanie i marnowanie wysiłku.

La tienda estaba enrollada hasta formar un volumen demasiado grande para el trineo.

Namiot zwinięto w nieporęczny kształt, zdecydowanie za duży do sań.

Los platos sucios se empaquetaron sin limpiarlos ni secarlos.

Brudne naczynia pakowano bez ich umycia i wysuszenia.

Mercedes revoloteaba por todos lados, hablando, corrigiendo y entrometiéndose constantemente.

Mercedes krzątała się tu i ówdzie, nieustannie gadając, poprawiając i wtrącając się.

Cuando le ponían un saco en el frente, ella insistía en que lo pusieran en la parte de atrás.

Gdy worek został umieszczony z przodu, ona nalegała, żeby umieścić go z tyłu.

Metió la bolsa en el fondo y al siguiente momento la necesitó.

Spakowała worek na dno i w następnej chwili go potrzebowała.

De esta manera, el trineo fue desempaquetado nuevamente para alcanzar la bolsa específica.

Więc sanie rozpakowano ponownie, żeby dotrzeć do konkretnego bagażu.

Cerca de allí, tres hombres estaban parados afuera de una tienda de campaña, observando cómo se desarrollaba la escena.

Nieopodal, przed namiotem, trzej mężczyźni stali i obserwowali rozwój wydarzeń.

Sonrieron, guiñaron el ojo y sonrieron ante la evidente confusión de los recién llegados.

Uśmiechali się, mrugali i szczerzyli zęby w uśmiechu, widząc wyraźne zdezorientowanie przybyszów.

"Ya tienes una carga bastante pesada", dijo uno de los hombres.

„Masz już naprawdę ciężki ładunek" – powiedział jeden z mężczyzn.

"No creo que debas llevar esa tienda de campaña, pero es tu elección".

„Myślę, że nie powinieneś nieść tego namiotu, ale to twój wybór."

"¡Inimaginable!", exclamó Mercedes levantando las manos con desesperación.

„Nie do pomyślenia!" – krzyknęła Mercedes, rozpaczliwie unosząc ręce.

"¿Cómo podría viajar sin una tienda de campaña donde refugiarme?"

„Jak mógłbym podróżować bez namiotu, pod którym mógłbym spać?"

"Es primavera, ya no volverás a ver el frío", respondió el hombre.

„Jest wiosna, nie będzie już takiej zimy" – odpowiedział mężczyzna.

Pero ella meneó la cabeza y ellos siguieron apilando objetos en el trineo.

Ona jednak pokręciła głową, a oni dalej dokładali rzeczy na sanki.

La carga se elevó peligrosamente a medida que añadían los últimos elementos.

Ładunek niebezpiecznie wzrósł, gdy dodawali ostatnie rzeczy.

"¿Crees que el trineo se deslizará?" preguntó uno de los hombres con mirada escéptica.

„Myślisz, że sanie pojadą?" – zapytał jeden z mężczyzn ze sceptycznym wyrazem twarzy.

"¿Por qué no debería?" replicó Charles con gran fastidio.

„A dlaczego nie?" – warknął Charles z ostrym rozdrażnieniem.

—Está bien —dijo rápidamente el hombre, alejándose un poco de la ofensa.

„Och, w porządku" – powiedział szybko mężczyzna, wycofując się z ataku.

"Solo me preguntaba, me pareció que tenía la parte superior demasiado pesada".

„Zastanawiałem się tylko – wydawało mi się, że jest trochę za bardzo przeładowany u góry".

Charles se dio la vuelta y ató la carga lo mejor que pudo.

Charles odwrócił się i związał ładunek najlepiej jak potrafił.

Pero las ataduras estaban sueltas y el embalaje en general estaba mal hecho.

Jednak mocowania były luźne, a pakowanie ogólnie rzecz biorąc źle wykonane.

"Claro, los perros tirarán de eso todo el día", dijo otro hombre con sarcasmo.

„Jasne, psy będą to ciągnąć cały dzień" – powiedział sarkastycznie inny mężczyzna.

—Por supuesto —respondió Hal con frialdad, agarrando el largo palo del trineo.

„Oczywiście" – odpowiedział chłodno Hal, chwytając za długi drążek sterowniczy sanek.

Con una mano en el poste, blandía el látigo con la otra.

Jedną ręką trzymając drążek, drugą wymachiwał batem.

"¡Vamos!", gritó. "¡Muévanse!", instando a los perros a empezar.

„Ruszajmy!" krzyknął. „Ruszajcie się!" zachęcając psy do startu.

Los perros se inclinaron hacia el arnés y se tensaron durante unos instantes.

Psy naparły na uprząż i przez chwilę walczyły.

Entonces se detuvieron, incapaces de mover ni un centímetro el trineo sobrecargado.

Następnie zatrzymali się, nie mogąc ruszyć przeciążonych sań nawet o cal.

—¡Esos brutos perezosos! —gritó Hal, levantando el látigo para golpearlos.

„Leniwe bestie!" krzyknął Hal, podnosząc bat, żeby ich uderzyć.

Pero Mercedes entró corriendo y le arrebató el látigo de las manos a Hal.

Ale Mercedes wpadła i wyrwała bat z rąk Hala.

—**Oh, Hal, no te atrevas a hacerles daño** —**gritó alarmada.**

„Och, Hal, nie waż się ich skrzywdzić!" – krzyknęła przerażona.

"Prométeme que serás amable con ellos o no daré un paso más".

„Obiecaj mi, że będziesz dla nich miły, albo nie zrobię ani kroku dalej".

—**No sabes nada de perros** —**le espetó Hal a su hermana.**

„Nic nie wiesz o psach" – warknął Hal do swojej siostry.

"Son perezosos y la única forma de moverlos es azotándolos".

„Są leniwe i jedynym sposobem, żeby je ruszyć, jest ich chłosta".

"Pregúntale a cualquiera, pregúntale a uno de esos hombres de allí si dudas de mí".

„Zapytaj kogokolwiek – zapytaj któregoś z tych mężczyzn, jeśli we mnie wątpisz."

Mercedes miró a los espectadores con ojos suplicantes y llorosos.

Mercedes spojrzała na gapiów błagalnym, pełnym łez wzrokiem.

Su rostro mostraba lo profundamente que odiaba ver cualquier dolor.

Na jej twarzy widać było, jak bardzo nienawidzi widoku jakiegokolwiek bólu.

"Están débiles, eso es todo", dijo un hombre. "Están agotados".

„Są słabi, to wszystko" – powiedział jeden mężczyzna. „Są wyczerpani".

"Necesitan descansar, han trabajado demasiado tiempo sin descansar".

„Potrzebują odpoczynku – pracowali zbyt długo bez przerwy".

—**Maldito sea el resto** —**murmuró Hal con el labio curvado.**

„Niech reszta będzie przeklęta" – mruknął Hal, krzywiąc usta.

Mercedes jadeó, visiblemente dolida por la grosera palabra que pronunció.

Mercedes jęknęła, wyraźnie zasmucona jego wulgarnymi słowami.

Aún así, ella se mantuvo leal y defendió instantáneamente a su hermano.

Mimo wszystko pozostała lojalna i natychmiast stanęła w obronie brata.

—No le hagas caso a ese hombre —le dijo a Hal—. Son nuestros perros.

„Nie przejmuj się tym człowiekiem" – powiedziała do Hala. „To nasze psy".

"Los conduces como mejor te parezca, haz lo que creas correcto".

„Prowadź je tak, jak uważasz za stosowne – rób to, co uważasz za słuszne".

Hal levantó el látigo y volvió a golpear a los perros sin piedad.

Hal podniósł bat i ponownie uderzył psy bez litości.

Se lanzaron hacia adelante, con el cuerpo agachado y los pies hundidos en la nieve.

Rzucili się do przodu, pochylając nisko ciała i wbijając stopy w śnieg.

Ponían toda su fuerza en tirar, pero el trineo no se movía.

Całą swoją siłę włożyli w ciągnięcie, lecz sanie nie ruszyły.

El trineo quedó atascado, como un ancla congelada en la nieve compacta.

Sanie pozostały przyklejone, niczym kotwica zamarznięta w ubitym śniegu.

Tras un segundo esfuerzo, los perros se detuvieron de nuevo, jadeando con fuerza.

Po drugiej próbie psy znów się zatrzymały, ciężko dysząc.

Hal levantó el látigo una vez más, justo cuando Mercedes interfirió nuevamente.

Hal ponownie podniósł bat, akurat w chwili, gdy Mercedes znów wkroczyła do akcji.

Ella cayó de rodillas frente a Buck y abrazó su cuello.

Uklękła przed Buckiem i objęła go za szyję.

Las lágrimas llenaron sus ojos mientras le suplicaba al perro exhausto.

Łzy napłynęły jej do oczu, gdy błagała wyczerpanego psa.

"Pobres queridos", dijo, "¿por qué no tiran más fuerte?"

„Biedactwa", powiedziała, „dlaczego po prostu nie pociągniecie mocniej?"

"Si tiras, no te azotarán así".

„Jeśli pociągniesz, to nie dostaniesz takiego bata."

A Buck no le gustaba Mercedes, pero estaba demasiado cansado para resistirse a ella ahora.

Buck nie lubił Mercedes, ale był teraz zbyt zmęczony, żeby jej się oprzeć.

Él aceptó sus lágrimas como una parte más de ese día miserable.

Przyjął jej łzy jako kolejny element tego okropnego dnia.

Uno de los hombres que observaban finalmente habló después de contener su ira.

Jeden z obserwujących mężczyzn w końcu przemówił, powstrzymując gniew.

"No me importa lo que les pase a ustedes, pero esos perros importan".

„Nie obchodzi mnie, co się z wami stanie, ale te psy są ważne".

"Si quieres ayudar, suelta ese trineo: está congelado hasta la nieve".

„Jeśli chcesz pomóc, uwolnij sanki – są zamarznięte do śniegu".

"Presiona con fuerza el polo G, derecha e izquierda, y rompe el sello de hielo".

„Naciśnij mocno na drążek skrętu, w prawo i w lewo, a rozbijesz pokrywę lodową".

Se hizo un tercer intento, esta vez siguiendo la sugerencia del hombre.

Podjęto trzecią próbę, tym razem idąc za sugestią mężczyzny.

Hal balanceó el trineo de un lado a otro, soltando los patines.

Hal zakołysał saniami na boki, aż płozy się uwolniły.

El trineo, aunque sobrecargado y torpe, finalmente avanzó con dificultad.

Choć przeciążone i niezgrabne, sanie w końcu ruszyły do przodu.

Buck y los demás tiraron salvajemente, impulsados por una tormenta de latigazos.

Buck i pozostali ciągnęli jak szaleni, gnani falą uderzeń biczem.

Cien metros más adelante, el sendero se curvaba y descendía hacia la calle.

Sto jardów dalej ścieżka skręcała i prowadziła w stronę ulicy.

Se hubiera necesitado un conductor habilidoso para mantener el trineo en posición vertical.

Utrzymanie sań w pozycji pionowej wymagało umiejętności kierowcy.

Hal no era hábil y el trineo se volcó al girar en la curva.

Hal nie miał odpowiednich umiejętności i sanki przewróciły się na zakręcie.

Las ataduras sueltas cedieron y la mitad de la carga se derramó sobre la nieve.

Luźne wiązania puściły i połowa ładunku rozsypała się na śniegu.

Los perros no se detuvieron; el trineo, más ligero, siguió volando de lado.

Psy się nie zatrzymały; lżejsze sanie powędrowały na bok.

Enojados por el abuso y la pesada carga, los perros corrieron más rápido.

Wściekłe z powodu znęcania się i ciężaru, psy pobiegły szybciej.

Buck, furioso, echó a correr, con el equipo siguiéndolo detrás.

Buck, wściekły, rzucił się do biegu, a reszta drużyny podążyła za nim.

Hal gritó "¡Guau! ¡Guau!", pero el equipo no le hizo caso.

Hal krzyknął „Whoa! Whoa!", ale drużyna nie zwróciła na niego uwagi.

Tropezó, cayó y fue arrastrado por el suelo por el arnés.

Potknął się, upadł i został wleczony po ziemi za uprząż.

El trineo volcado saltó sobre él mientras los perros corrían delante.

Wywrócone sanie uderzyły w niego, gdy psy pobiegły naprzód.

El resto de los suministros se dispersaron por la concurrida calle de Skaguay.

Reszta zapasów rozrzucona po ruchliwej ulicy Skaguay.

La gente bondadosa se apresuró a detener a los perros y recoger el equipo.

Dobroczynni ludzie pobiegli zatrzymać psy i zabrać sprzęt.

También dieron consejos, contundentes y prácticos, a los nuevos viajeros.

Udzielali także nowym podróżnikom bezpośrednich i praktycznych porad.

"Si quieres llegar a Dawson, lleva la mitad de la carga y el doble de perros".

„Jeśli chcesz dotrzeć do Dawsona, weź połowę ładunku i podwój liczbę psów".

Hal, Charles y Mercedes escucharon, aunque no con entusiasmo.

Hal, Charles i Mercedes słuchali, choć bez entuzjazmu.

Instalaron su tienda de campaña y comenzaron a clasificar sus suministros.

Rozbili namiot i zaczęli przeglądać swoje rzeczy.

Salieron alimentos enlatados, lo que hizo reír a carcajadas a los espectadores.

Na stole pojawiły się puszki z jedzeniem, co wywołało salwy śmiechu wśród gapiów.

"¿Enlatado en el camino? Te morirás de hambre antes de que se derrita", dijo uno.

„Konserwy na szlaku? Umrzesz z głodu, zanim się rozpuszczą" – powiedział jeden.

¿Mantas de hotel? Mejor tíralas todas.

„Koce hotelowe? Lepiej je wszystkie wyrzucić."

"Si también deshazte de la tienda de campaña, aquí nadie lava los platos".

„Pozbądź się też namiotu, a tutaj nikt nie będzie zmywał naczyń."

¿Crees que estás viajando en un tren Pullman con sirvientes a bordo?

„Myślisz, że jedziesz pociągiem Pullman ze służbą na pokładzie?"

El proceso comenzó: todos los objetos inútiles fueron arrojados a un lado.

Proces się rozpoczął — wszystkie bezużyteczne przedmioty zostały wyrzucone na bok.

Mercedes lloró cuando sus maletas fueron vaciadas en el suelo nevado.

Mercedes płakała, gdy wysypano jej torby na zaśnieżoną ziemię.

Ella sollozaba por cada objeto que tiraba, uno por uno, sin pausa.

Płakała nad każdą rzeczą, którą wyrzucała po kolei, bez chwili zawahania.

Ella juró no dar un paso más, ni siquiera por diez Charleses.

Przyrzekła sobie, że nie zrobi ani jednego kroku więcej – nawet za dziesięciu Charlesów.

Ella le rogó a cada persona cercana que le permitiera conservar sus cosas preciosas.

Błagała każdą osobę znajdującą się w pobliżu, aby pozwoliła jej zatrzymać jej cenne rzeczy.

Por último, se secó los ojos y comenzó a arrojar incluso la ropa más importante.

Na koniec otarła oczy i zaczęła wyrzucać nawet najważniejsze ubrania.

Cuando terminó con los suyos, comenzó a vaciar los suministros de los hombres.

Kiedy skończyła ze swoimi rzeczami, zaczęła opróżniać zapasy mężczyzn.

Como un torbellino, destrozó las pertenencias de Charles y Hal.

Jak huragan porwała rzeczy Charlesa i Hala.

Aunque la carga se redujo a la mitad, todavía era mucho más pesada de lo necesario.

Mimo że ładunek zmniejszył się o połowę, nadal był znacznie cięższy, niż było to konieczne.

Esa noche, Charles y Hal salieron y compraron seis perros nuevos.

Tej nocy Charles i Hal poszli i kupili sześć nowych psów.

Estos nuevos perros se unieron a los seis originales, además de Teek y Koona.

Do pierwotnej szóstki, plus Teeka i Koonę, dołączyły nowe psy.

Juntos formaron un equipo de catorce perros enganchados al trineo.

Razem stworzyli zespół składający się z czternastu psów zaprzęgniętych do sań.

Pero los nuevos perros no eran aptos y estaban mal entrenados para el trabajo con trineos.

Jednak nowe psy nie nadawały się do pracy zaprzęgowej i były do tego słabo wyszkolone.

Tres de los perros eran pointers de pelo corto y uno era un Terranova.

Trzy z psów były krótkowłosymi pointerami, a jeden był nowofundlandem.

Los dos últimos perros eran mestizos, sin ninguna raza ni propósito claros.

Ostatnie dwa psy były kundlami bez wyraźnej rasy i przeznaczenia.

No entendieron el camino y no lo aprendieron rápidamente.

Nie rozumieli szlaku i nie nauczyli się go szybko.

Buck y sus compañeros los miraron con desprecio y profunda irritación.

Buck i jego towarzysze patrzyli na nich z pogardą i głęboką irytacją.

Aunque Buck les enseñó lo que no debían hacer, no podía enseñarles cuál era el deber.

Chociaż Buck uczył ich, czego nie należy robić, nie potrafił nauczyć ich obowiązku.

No se adaptaron bien a la vida en senderos ni al tirón de las riendas y los trineos.

Nie znosiły życia na szlaku ani ciągnięcia lejców i sań.

Sólo los mestizos intentaron adaptarse, e incluso a ellos les faltó espíritu de lucha.

Tylko kundle próbowały się przystosować, ale nawet im brakowało ducha walki.

Los demás perros estaban confundidos, debilitados y destrozados por su nueva vida.

Pozostałe psy były zdezorientowane, osłabione i złamane nowym życiem.

Con los nuevos perros desorientados y los viejos exhaustos, la esperanza era escasa.

Nowe psy nie miały pojęcia, co się dzieje, a stare były wyczerpane, więc nadzieja była nikła.

El equipo de Buck había recorrido dos mil quinientas millas de senderos difíciles.

Zespół Bucka pokonał dwadzieścia pięćset mil trudnego szlaku.

Aún así, los dos hombres estaban alegres y orgullosos de su gran equipo de perros.

Mimo to obaj mężczyźni byli radośni i dumni ze swojego dużego psiego zaprzęgu.

Creían que viajaban con estilo, con catorce perros enganchados.

Myśleli, że podróżują z klasą, zabierając ze sobą czternaście psów.

Habían visto trineos partir hacia Dawson y otros llegar desde allí.

Widzieli sanie odjeżdżające do Dawson i inne przyjeżdżające stamtąd.

Pero nunca habían visto uno tirado por tantos catorce perros.

Ale nigdy nie widzieli pojazdu ciągniętego przez czternaście psów.

Había una razón por la que equipos como ese eran raros en el desierto del Ártico.

Był powód, dla którego takie zespoły były rzadkością na arktycznych pustkowiach.

Ningún trineo podría transportar suficiente comida para alimentar a catorce perros durante el viaje.

Żadne sanie nie były w stanie przewieźć wystarczającej ilości jedzenia dla czternastu psów.

Pero Charles y Hal no lo sabían: habían hecho los cálculos.

Ale Charles i Hal nie wiedzieli, że to już wszystko wiedzą.

Planificaron la comida: tanta cantidad por perro, tantos días, y listo.

Zaplanowali jedzenie: ile na psa, na ile dni, gotowe.

Mercedes miró sus figuras y asintió como si tuviera sentido.

Mercedes spojrzała na swoje liczby i pokiwała głową, jakby wszystko miało sens.

Todo le parecía muy sencillo, al menos en el papel.

Wszystko wydawało jej się bardzo proste, przynajmniej na papierze.

A la mañana siguiente, Buck guió al equipo lentamente por la calle nevada.

Następnego ranka Buck powoli poprowadził drużynę zaśnieżoną ulicą.

No había energía ni espíritu en él ni en los perros detrás de él.

Nie było w nim ani w psach za nim żadnej energii ani ducha.

Estaban muertos de cansancio desde el principio: no les quedaban reservas.

Byli śmiertelnie zmęczeni od samego początku, nie mieli już żadnych rezerw.

Buck ya había hecho cuatro viajes entre Salt Water y Dawson.

Buck odbył już cztery podróże między Salt Water i Dawson.

Ahora, enfrentado nuevamente el mismo desafío, no sentía nada más que amargura.

Teraz, gdy znów stanął przed tym samym szlakiem, nie czuł nic poza goryczą.

Su corazón no estaba en ello, ni tampoco el corazón de los otros perros.

Nie wkładał w to serca, tak samo jak serca innych psów.

Los nuevos perros eran tímidos y los huskies carecían de confianza.

Nowe psy były nieśmiałe, a husky nie wzbudzały żadnego zaufania.

Buck sintió que no podía confiar en estos dos hombres ni en su hermana.

Buck czuł, że nie może polegać ani na tych dwóch mężczyznach, ani na ich siostrze.

No sabían nada y no mostraron señales de aprender en el camino.

Nie wiedzieli nic i nie wykazali żadnych oznak wyciągnięcia wniosków na szlaku.

Estaban desorganizados y carecían de cualquier sentido de disciplina.

Byli niezorganizowani i brakowało im dyscypliny.

Les tomó media noche montar un campamento descuidado cada vez.

Za każdym razem zajmowało im to pół nocy, żeby rozbić byle jaki obóz.

Y la mitad de la mañana siguiente la pasaron otra vez jugueteando con el trineo.

A połowę następnego poranka spędzili na ponownym majstrowaniu przy saniach.

Al mediodía, a menudo se detenían simplemente para arreglar la carga desigual.

Około południa często zatrzymywali się, aby poprawić nierównomierny ładunek.

Algunos días, viajaron menos de diez millas en total.

W niektóre dni przebyli w sumie mniej niż dziesięć mil.

Otros días ni siquiera conseguían salir del campamento.

Innym razem w ogóle nie udawało im się opuścić obozu.

Nunca llegaron a cubrir la distancia alimentaria planificada.

Nigdy nie zbliżyli się do zaplanowanego dystansu żywieniowego.

Como era de esperar, muy rápidamente se quedaron sin comida para los perros.

Jak się spodziewano, bardzo szybko zabrakło jedzenia dla psów.

Empeoró las cosas sobrealimentándolos en los primeros días.

Na początku sytuację pogarszało przekarmianie.

Esto acercaba la hambruna con cada ración descuidada.

Każda nieostrożna racja żywnościowa przybliżała nas do głodu.

Los nuevos perros no habían aprendido a sobrevivir con muy poco.

Nowe psy nie nauczyły się przetrwać, mając mało jedzenia.

Comieron con hambre, con apetitos demasiado grandes para el camino.

Jedli łapczywie, ich apetyty były zbyt duże jak na trasę.

Al ver que los perros se debilitaban, Hal creyó que la comida no era suficiente.

Widząc, że psy słabną, Hal uznał, że jedzenie nie wystarczy.

Duplicó las raciones, empeorando aún más el error.

Podwoił racje żywnościowe, co tylko pogorszyło sprawę.

Mercedes añadió más problemas con lágrimas y suaves súplicas.

Mercedes pogorszyła sprawę łzami i cichymi prośbami.

Cuando no pudo convencer a Hal, alimentó a los perros en secreto.

Gdy nie udało jej się przekonać Hala, potajemnie karmiła psy.

Ella robó de los sacos de pescado y se lo dio a sus espaldas.

Ukradła ryby z worków i dała im je za jego plecami.

Pero lo que los perros realmente necesitaban no era más comida: era descanso.

Ale tym, czego psy naprawdę potrzebowały, nie było jedzenie, lecz odpoczynek.

Iban a poca velocidad, pero el pesado trineo aún seguía avanzando.

Choć jechali słabo, ciężkie sanie nadal się ciągnęły.

Ese peso solo les quitaba las fuerzas que les quedaban cada día.

Sam ten ciężar pozbawiał ich sił, które pozostały im każdego dnia.

Luego vino la etapa de desalimentación ya que los suministros escasearon.

Potem nadszedł etap niedożywienia, gdyż zapasy zaczęły się kończyć.

Una mañana, Hal se dio cuenta de que la mitad de la comida para perros ya había desaparecido.

Pewnego ranka Hal zdał sobie sprawę, że połowa karmy dla psa już się skończyła.

Sólo habían recorrido una cuarta parte de la distancia total del recorrido.

Przebyli zaledwie jedną czwartą całkowitego dystansu szlaku.

No se podía comprar más comida por ningún precio que se ofreciera.

Nie można było już kupić jedzenia, bez względu na oferowaną cenę.

Redujo las raciones de los perros por debajo de la ración diaria estándar.

Zmniejszył porcje dla psów poniżej standardowej dziennej racji.

Al mismo tiempo, exigió viajes más largos para compensar las pérdidas.

Jednocześnie domagał się dłuższego czasu podróży, aby zrekompensować straty.

Mercedes y Carlos apoyaron este plan, pero fracasaron en su ejecución.

Mercedes i Charles poparli ten plan, ale nie udało im się go zrealizować.

Su pesado trineo y su falta de habilidad hicieron que el avance fuera casi imposible.

Ciężkie sanie i brak umiejętności sprawiały, że postęp był niemal niemożliwy.

Era fácil dar menos comida, pero imposible forzar más esfuerzo.

Łatwo było dać mniej jedzenia, ale wymuszenie większego wysiłku było niemożliwe.

No podían salir temprano ni tampoco viajar horas extras.

Nie mogli zacząć wcześniej, ani podróżować dłużej.

No sabían cómo trabajar con los perros, ni tampoco ellos mismos.

Nie wiedzieli, jak pracować z psami, ani z samymi sobą.

El primer perro que murió fue Dub, el desafortunado pero trabajador ladrón.

Pierwszym psem, który zginął, był Dub, pechowy, ale pracowity złodziej.

Aunque a menudo lo castigaban, Dub había hecho su parte sin quejarse.

Choć Dub był często karany, nie narzekał i zawsze dokładał starań.

Su hombro lesionado empeoró sin cuidados ni necesidad de descanso.

Kontuzja jego ramienia pogarszała się, gdy nie dbał o nią ani nie potrzebował odpoczynku.

Finalmente, Hal usó el revólver para acabar con el sufrimiento de Dub.

Na koniec Hal użył rewolweru, by zakończyć cierpienie Duba.

Un dicho común afirma que los perros normales mueren con raciones para perros esquimales.

Popularne powiedzenie głosi, że normalne psy umierają na racjach husky.

Los seis nuevos compañeros de Buck tenían sólo la mitad de la porción de comida del husky.

Sześcioro nowych towarzyszy Bucka miało tylko połowę porcji pożywienia, jaką miał husky.

Primero murió el Terranova y después los tres bracos de pelo corto.

Najpierw zginął nowofundland, potem trzy krótkowłose pointery.

Los dos mestizos resistieron más tiempo pero finalmente perecieron como el resto.

Oba kundle wytrzymały dłużej, ale w końcu zginęły, tak jak reszta.

Para entonces, todas las comodidades y la dulzura de Southland habían desaparecido.

W tym czasie wszelkie udogodnienia i łagodność Południa już dawno zniknęły.

Las tres personas habían perdido los últimos vestigios de su educación civilizada.

Te trzy osoby pozbyły się ostatnich śladów cywilizowanego wychowania.

Despojado de glamour y romance, el viaje al Ártico se volvió brutalmente real.

Pozbawiona blasku i romantyzmu podróż na Arktykę stała się brutalnie realna.

Era una realidad demasiado dura para su sentido de masculinidad y feminidad.

Była to rzeczywistość zbyt surowa dla ich poczucia męskości i kobiecości.

Mercedes ya no lloraba por los perros, ahora lloraba sólo por ella misma.

Mercedes nie płakała już nad psami, ale teraz płakała już tylko nad sobą.

Pasó su tiempo llorando y peleando con Hal y Charles.

Spędzała czas na płaczu i kłótniach z Halem i Charlesem.

Pelear era lo único que nunca estaban demasiado cansados para hacer.

Kłótnie były jedyną rzeczą, której nigdy nie byli zbyt zmęczeni.

Su irritabilidad surgió de la miseria, creció con ella y la superó.

Ich drażliwość wynikała z nieszczęścia, rosła wraz z nim i przewyższała je.

La paciencia del camino, conocida por quienes trabajan y sufren con bondad, nunca llegó.

Cierpliwość szlaku, znana tym, którzy ciężko pracują i cierpią z życzliwością, nigdy nie nadeszła.

Esa paciencia que conserva dulce la palabra a pesar del dolor les era desconocida.

Ta cierpliwość, która pozwala zachować słodycz mowy pomimo bólu, była im nieznana.

No tenían ni un ápice de paciencia ni la fuerza que suponía sufrir con gracia.

Nie było w nich ani krzty cierpliwości, żadnej siły czerpanej z cierpienia z wdzięcznością.

Estaban rígidos por el dolor: les dolían los músculos, los huesos y el corazón.

Byli zesztywniali z bólu – bolały ich mięśnie, kości i serca.

Por eso se volvieron afilados de lengua y rápidos para usar palabras ásperas.

Z tego powodu stali się ostrzy w języku i skorzy do używania ostrych słów.

Cada día comenzaba y terminaba con voces enojadas y amargas quejas.

Każdy dzień zaczynał się i kończył gniewnymi głosami i gorzkimi skargami.

Charles y Hal discutían cada vez que Mercedes les daba una oportunidad.

Charles i Hal kłócili się za każdym razem, gdy Mercedes dawała im szansę.

Cada hombre creía que hacía más de lo que le correspondía en el trabajo.

Każdy z mężczyzn uważał, że wykonał więcej niż jego uczciwy przydział pracy.

Ninguno de los dos perdió la oportunidad de decirlo una y otra vez.

Żadne z nich nigdy nie przegapiło okazji, żeby to powiedzieć raz po raz.

A veces Mercedes se ponía del lado de Charles, a veces del lado de Hal.

Czasami Mercedes stawała po stronie Charlesa, czasami po stronie Hala.

Esto dio lugar a una gran e interminable disputa entre los tres.

Doprowadziło to do wielkiej i niekończącej się kłótni między tą trójką.

Una disputa sobre quién debería cortar leña se salió de control.

Spór o to, kto powinien rąbać drewno na opał, wymknął się spod kontroli.

Pronto se nombraron padres, madres, primos y parientes muertos.

Wkrótce zaczęto podawać nazwiska ojców, matek, kuzynów i zmarłych krewnych.

Las opiniones de Hal sobre el arte o las obras de su tío se convirtieron en parte de la pelea.

Poglądy Hala na sztukę i sztuki jego wuja stały się częścią walki.

Las creencias políticas de Charles también entraron en el debate.

Poglądy polityczne Karola również stały się przedmiotem debaty.

Para Mercedes, incluso los chismes de la hermana de su marido parecían relevantes.

Nawet plotki siostry jej męża wydawały się Mercedes istotne.

Ella expresó sus opiniones sobre eso y sobre muchos de los defectos de la familia de Charles.

Wyraziła swoją opinię na ten temat, jak również na temat wielu wad rodziny Charlesa.

Mientras discutían, el fuego permaneció apagado y el campamento medio montado.

Podczas gdy się kłócili, ognisko pozostało zgaszone, a obóz był w połowie gotowy.

Mientras tanto, los perros permanecieron fríos y sin comida.

Tymczasem psy pozostawały zmarznięte i bez jedzenia.

Mercedes tenía un motivo de queja que consideraba profundamente personal.

Mercedes miała żal, który uważała za głęboko osobisty.

Se sintió maltratada como mujer, negándole sus privilegios de gentileza.

Czuła się źle traktowana jako kobieta, pozbawiona delikatnych przywilejów.

Ella era bonita y dulce, y acostumbrada a la caballerosidad toda su vida.

Była ładna i delikatna, i od zawsze przyzwyczajona do rycerskości.

Pero su marido y su hermano ahora la trataban con impaciencia.

Jednak jej mąż i brat zaczęli ją niecierpliwie traktować.

Su costumbre era actuar con impotencia y comenzaron a quejarse.

Miała w zwyczaju zachowywać się bezradnie, więc zaczęli się skarżyć.

Ofendida por esto, les hizo la vida aún más difícil.

Obrażona tym, jeszcze bardziej utrudniła im życie.

Ella ignoró a los perros e insistió en montar ella misma el trineo.

Zignorowała psy i upierała się, że sama pojedzie na saniach.

Aunque parecía ligera de aspecto, pesaba ciento veinte libras.

Choć wyglądała na drobną, ważyła sto dwadzieścia funtów.

Esa carga adicional era demasiado para los perros hambrientos y débiles.

Ten dodatkowy ciężar był zbyt duży dla wygłodniałych i słabych psów.

Aún así, ella cabalgó durante días, hasta que los perros se desplomaron en las riendas.

Mimo to jechała jeszcze przez wiele dni, aż psy opadły z sił.

El trineo se detuvo y Charles y Hal le rogaron que caminara.

Sanie stały w miejscu, a Charles i Hal błagali ją, żeby poszła pieszo.

Ellos suplicaron y rogaron, pero ella lloró y los llamó crueles.

Błagali i prosili, ale ona płakała i nazywała ich okrutnymi.

En una ocasión la sacaron del trineo con pura fuerza y enojo.

Pewnego razu ściągnęli ją z sań siłą i złością.

Nunca volvieron a intentarlo después de lo que pasó aquella vez.

Po tym, co się wydarzyło, nigdy więcej nie próbowali.

Ella se quedó flácida como un niño mimado y se sentó en la nieve.

Zwiotczała jak rozpieszczone dziecko i usiadła na śniegu.

Ellos siguieron adelante, pero ella se negó a levantarse o seguirlos.

Poszli dalej, ale ona nie chciała wstać ani pójść za nią.

Después de tres millas, se detuvieron, regresaron y la llevaron de regreso.

Po trzech milach zatrzymali się, zawrócili i zanieśli ją z powrotem.

La volvieron a cargar en el trineo, nuevamente usando la fuerza bruta.

Ponownie załadowali ją na sanie, znów używając brutalnej siły.

En su profunda miseria, fueron insensibles al sufrimiento de los perros.

W swej głębokiej rozpaczy nie tolerowali cierpienia psów.

Hal creía que uno debía endurecerse y forzar esa creencia a los demás.

Hal uważał, że trzeba się zahartować i narzucał to przekonanie innym.

Primero intentó predicar su filosofía a su hermana.

Najpierw próbował przekazać swoją filozofię siostrze

y luego, sin éxito, le predicó a su cuñado.

a potem, bez powodzenia, wygłosił kazanie swemu szwagrowi.

Tuvo más éxito con los perros, pero sólo porque los lastimaba.

Odnosił większe sukcesy z psami, ale tylko dlatego, że robił im krzywdę.

En Five Fingers, la comida para perros se quedó completamente sin comida.

W Five Fingers całkowicie zabrakło karmy dla psów.

Una vieja india desdentada vendió unas cuantas libras de cuero de caballo congelado

Bezzębna stara kobieta sprzedała kilka funtów zamrożonej skóry końskiej

Hal cambió su revólver por la piel de caballo seca.

Hal wymienił swój rewolwer na wysuszoną skórę końską.

La carne había procedido de caballos hambrientos de ganaderos meses antes.

Mięso pochodziło od wygłodzonych koni hodowców bydła wiele miesięcy wcześniej.

Congelada, la piel era como hierro galvanizado: dura y incomestible.

Zamrożona skóra przypominała ocynkowane żelazo; była twarda i niejadalna.

Los perros tenían que masticar sin parar la piel para poder comérsela.

Psy musiały bez końca gryźć skórę, żeby ją zjeść.

Pero las cuerdas correosas y el pelo corto no constituían apenas alimento.

Jednakże sztywne sznurki i krótkie włosy nie stanowiły żadnego pożywienia.

La mayor parte de la piel era irritante y no era alimento en ningún sentido estricto.

Większość skóry była drażniąca i nie nadawała się do jedzenia w prawdziwym tego słowa znaczeniu.

Y durante todo ese tiempo, Buck se tambaleaba al frente, como en una pesadilla.

A przez cały ten czas Buck zataczał się na czele, jak w koszmarze.

Tiraba cuando podía, y cuando no, se quedaba tendido hasta que un látigo o un garrote lo levantaban.

Gdy mógł, ciągnął; gdy nie mógł, leżał, dopóki nie podniósł go bat lub pałka.

Su fino y brillante pelaje había perdido toda la rigidez y brillo que alguna vez tuvo.

Jego piękna, błyszcząca sierść straciła całą sztywność i połysk, jakie miała kiedyś.

Su cabello colgaba lacio, enmarañado y cubierto de sangre seca por los golpes.

Jego włosy były oklapnięte, potargane i sklejone zaschniętą krwią od uderzeń.

Sus músculos se encogieron hasta convertirse en cuerdas y sus almohadillas de carne estaban todas desgastadas.

Jego mięśnie skurczyły się do rozmiarów strun głosowych, a poduszki skórne uległy zniszczeniu.

Cada costilla, cada hueso se veía claramente a través de los pliegues de la piel arrugada.

Każde żebro, każda kość były wyraźnie widoczne przez fałdy pomarszczonej skóry.

Fue desgarrador, pero el corazón de Buck no podía romperse.

To było rozdzierające serce, jednak serce Bucka nie mogło pęknąć.

El hombre del suéter rojo lo había probado y demostrado hacía mucho tiempo.

Mężczyzna w czerwonym swetrze sprawdził to i udowodnił to dawno temu.

Tal como sucedió con Buck, sucedió con el resto de sus compañeros de equipo.

Podobnie było z Buckiem, tak też było ze wszystkimi jego pozostałymi kolegami z drużyny.

Eran siete en total, cada uno de ellos un esqueleto andante de miseria.

Było ich w sumie siedem i każdy z nich był chodzącym szkieletem nieszczęścia.

Se habían vuelto insensibles a los latigazos y solo sentían un dolor distante.

Stali się nieczuli na chłostę, czuli jedynie odległy ból.

Incluso la vista y el sonido les llegaban débilmente, como a través de una espesa niebla.

Nawet wzrok i słuch docierały do nich słabo, jakby przez gęstą mgłę.

No estaban ni medio vivos: eran huesos con tenues chispas en su interior.

Nie były w połowie żywe – to były kości, w których środku
tliły się słabe iskry.

**Al detenerse, se desplomaron como cadáveres y sus chispas
casi desaparecieron.**

Gdy się zatrzymali, upadli jak trupy, a ich iskry niemal zgasły.

**Y cuando el látigo o el garrote volvían a golpear, las chispas
revoloteaban débilmente.**

A gdy bicz lub maczuga uderzyły ponownie, iskry trzepotały
słabo.

**Entonces se levantaron, se tambalearon hacia adelante y
arrastraron sus extremidades hacia delante.**

Następnie podnieśli się, zatoczyli do przodu i pociągnęli
kończyny do przodu.

Un día el amable Billee se cayó y ya no pudo levantarse.

Pewnego dnia miły Billee upadł i nie mógł już się podnieść.

**Hal había cambiado su revólver, por lo que utilizó un hacha
para matar a Billee.**

Hal oddał swój rewolwer, więc zabił Billee'ego siekierą.

**Lo golpeó en la cabeza, luego le cortó el cuerpo y se lo llevó
arrastrado.**

Uderzył go w głowę, po czym uwolnił ciało i odciągnął.

**Buck vio esto, y también los demás; sabían que la muerte
estaba cerca.**

Buck to zobaczył, podobnie jak pozostali. Wiedzieli, że śmierć
jest bliska.

**Al día siguiente Koona se fue, dejando sólo cinco perros en
el equipo hambriento.**

Następnego dnia Koona odszedł, pozostawiając w
wygłodzonej grupie tylko pięć psów.

**Joe, que ya no era malo, estaba demasiado perdido como
para darse cuenta de gran cosa.**

Joe nie był już taki zły, był już tak daleko posunięty, że nie był
świadomy niczego.

Pike, que ya no fingía su lesión, estaba apenas consciente.

Pike nie udawał już urazu i był ledwie przytomny.

Solleks, todavía fiel, lamentó no tener fuerzas para dar.

Solleks, nadal wierny, żałował, że nie ma siły, by dawać.

Teek fue el que más perdió porque estaba más fresco, pero su rendimiento se estaba agotando rápidamente.

Teek został pobity najbardziej, bo był bardziej wypoczęty, ale szybko słabł.

Y Buck, todavía a la cabeza, ya no mantenía el orden ni lo hacía cumplir.

A Buck, wciąż na czele, nie utrzymywał już porządku i nie egzekwował go.

Medio ciego por la debilidad, Buck siguió el rastro sólo por el tacto.

Półślepy i osłabiony Buck podążał szlakiem, kierując się wyłącznie wyczuciem.

Era un hermoso clima primaveral, pero ninguno de ellos lo notó.

Pogoda była piękna, wiosenna, ale nikt tego nie zauważył.

Cada día el sol salía más temprano y se ponía más tarde que el anterior.

Każdego dnia słońce wschodziło wcześniej i zachodziło później niż poprzednio.

A las tres de la mañana ya había amanecido; el crepúsculo duró hasta las nueve.

O trzeciej nad ranem nastał świt, zmierzch trwał do dziewiątej.

Los largos días estuvieron llenos del resplandor del sol primaveral.

Długie dni wypełnione były pełnym blaskiem wiosennego słońca.

El silencio fantasmal del invierno se había transformado en un cálido murmullo.

Upiorna cisza zimy zmieniła się w ciepły pomruk.

Toda la tierra estaba despertando, viva con la alegría de los seres vivos.

Cała kraina budziła się, tętniąc radością życia.

El sonido provenía de lo que había permanecido muerto e inmóvil durante el invierno.

Dźwięk dochodził z tego, co leżało martwe i nieruchome przez całą zimę.

Ahora, esas cosas se movieron nuevamente, sacudiéndose el largo sueño helado.

Teraz te rzeczy znów się poruszyły, otrząsając się z długiego, mroźnego snu.

La savia subía a través de los oscuros troncos de los pinos que esperaban.

Sok unosił się z ciemnych pni oczekujących sosen.

Los sauces y los álamos brotan brillantes y jóvenes brotes en cada ramita.

Na każdej gałązce wierzby i osiki pojawiają się jasne, młode pąki.

Los arbustos y las enredaderas se vistieron de un verde fresco a medida que el bosque cobraba vida.

Krzewy i winorośle pokryły się świeżą zielenią, a las ożył.

Los grillos cantaban por la noche y los insectos se arrastraban bajo el sol del día.

W nocy cykały świerszcze, a w dziennym słońcu przechadzały się owady.

Las perdices graznaban y los pájaros carpinteros picoteaban en lo profundo de los árboles.

Kuropatwy brzęczały, a dzięcioły pukały głęboko w drzewa.

Las ardillas parloteaban, los pájaros cantaban y los gansos graznaban al hablarles a los perros.

Wiewiórki szczebiotały, ptaki śpiewały, a gęsi gęgały nad psami.

Las aves silvestres llegaron en grupos afilados, volando desde el sur.

Dzikie ptactwo nadlatywało z południa w ostrych grupach.

De cada ladera llegaba la música de arroyos ocultos y caudalosos.

Z każdego zbocza wzgórza dobiegała muzyka ukrytych, rwących strumieni.

Todas las cosas se descongelaron y se rompieron, se doblaron y volvieron a ponerse en movimiento.

Wszystko rozmroziło się, pękło, wygięło i znów zaczęło się poruszać.

El Yukón se esforzó por romper las frías cadenas del hielo congelado.

Jukon z trudem przełamywał łańcuchy zimna zamarzniętego lodu.

El hielo se derritió desde abajo, mientras que el sol lo derritió desde arriba.

Lód pod spodem topił się, a słońce topiło go od góry.

Se abrieron agujeros de aire, se abrieron grietas y algunos trozos cayeron al río.

Powstały otwory wentylacyjne, pęknięcia się rozprzestrzeniły, a kawałki ziemi spadły do rzeki.

En medio de toda esta vida frenética y llameante, los viajeros se tambaleaban.

Pośród tego całego tętniącego i płonącego życia, podróżni zataczali się.

Dos hombres, una mujer y una jauría de perros esquimales caminaban como muertos.

Dwóch mężczyzn, kobieta i stado husky poruszali się jak zabici.

Los perros caían, Mercedes lloraba, pero seguía montando el trineo.

Psy padały, Mercedes płakała, ale nadal jechała na saniach.

Hal maldijo débilmente y Charles parpadeó con los ojos llorosos.

Hal zaklął słabo, a Charles zamrugał, mając załzawione oczy.

Se toparon con el campamento de John Thornton junto a la desembocadura del río Blanco.

Natknęli się na obóz Johna Thorntona przy ujściu White River.

Cuando se detuvieron, los perros cayeron al suelo, como si todos hubieran muerto.

Gdy się zatrzymali, psy padły płasko, jakby wszystkie zostały śmiertelnie ranne.

Mercedes se secó las lágrimas y miró a John Thornton.

Mercedes otarła łzy i spojrzała na Johna Thorntona.

Charles se sentó en un tronco, lenta y rígidamente, dolorido por el camino.

Charles siedział powoli i sztywno na kłodzie, obolały po wędrówce.

Hal habló mientras Thornton tallaba el extremo del mango de un hacha.

Hal mówił, podczas gdy Thornton rzeźbił koniec trzonka topora.

Él tallaba madera de abedul y respondía con respuestas breves y firmes.

Strugał drewno brzozowe i odpowiadał krótko, lecz stanowczo.

Cuando se le preguntó, dio consejos, seguro de que no serían seguidos.

Gdy go o to poproszono, udzielił rady, będąc pewnym, że ta nie zostanie zastosowana.

Hal explicó: "Nos dijeron que el hielo del sendero se estaba desprendiendo".

Hal wyjaśnił: „Powiedzieli nam, że lód na szlaku odpada".

Dijeron que nos quedáramos allí, pero llegamos a White River.

„Powiedzieli, że powinniśmy zostać, ale dotarliśmy do White River."

Terminó con un tono burlón, como para proclamar la victoria en medio de las dificultades.

Zakończył szyderczym tonem, jakby chciał ogłosić zwycięstwo w trudnościach.

—Y te dijeron la verdad —respondió John Thornton a Hal en voz baja.

„I powiedzieli ci prawdę" – John Thornton odpowiedział Halowi cicho.

"El hielo puede ceder en cualquier momento; está a punto de desprenderse".

„Lód może runąć w każdej chwili — jest gotowy odpaść".

"Solo la suerte ciega y los tontos pudieron haber llegado tan lejos con vida".

„Tylko ślepy los i głupcy mogli przeżyć tak długą drogę".

"Te lo digo directamente: no arriesgaría mi vida ni por todo el oro de Alaska".

„Mówię szczerze, nie zaryzykowałbym życia za całe złoto Alaski".

—Supongo que es porque no eres tonto —respondió Hal.

„Myślę, że to dlatego, że nie jesteś głupcem" – odpowiedział Hal.

—De todos modos, seguiremos hasta Dawson. —Desenrolló el látigo.

„Tak czy inaczej, pójdziemy do Dawson." Rozwinął swój bicz.

—¡Sube, Buck! ¡Hola! ¡Sube! ¡Vamos! —gritó con dureza.

„Wstawaj, Buck! Cześć! Wstawaj! No dalej!" krzyknął ostro.

Thornton siguió tallando madera, sabiendo que los tontos no escucharían razones.

Thornton kontynuował pracę, wiedząc, że głupcy nie usłuchają głosu rozsądku.

Detener a un tonto era inútil, y dos o tres tontos no cambiaban nada.

Zatrzymanie głupca było daremne — a dwóch lub trzech głupców niczego nie zmieniło.

Pero el equipo no se movió ante la orden de Hal.

Jednak drużyna nie ruszyła się na dźwięk rozkazu Hala.

A estas alturas, sólo los golpes podían hacerlos levantarse y avanzar.

Teraz już tylko ciosy mogły ich zmusić do podniesienia się i ruszenia naprzód.

El látigo golpeó una y otra vez a los perros debilitados.

Bat raz po raz smagał osłabione psy.

John Thornton apretó los labios con fuerza y observó en silencio.

John Thornton zacisnął mocno usta i obserwował w milczeniu.

Solleks fue el primero en ponerse de pie bajo el látigo.

Solleks jako pierwszy podniósł się na nogi po uderzeniu batem.

Entonces Teek lo siguió, temblando. Joe gritó al tambalearse.

Potem Teek podążył za nim, drżąc. Joe krzyknął, gdy się potykał.

Pike intentó levantarse, falló dos veces y finalmente se mantuvo en pie, tambaleándose.

Pike próbował się podnieść, dwukrotnie mu się nie udało, po czym w końcu stanął chwiejnie.

Pero Buck yacía donde había caído, sin moverse en absoluto este momento.

Natomiast Buck leżał tam, gdzie upadł i tym razem w ogóle się nie ruszał.

El látigo lo golpeaba una y otra vez, pero él no emitía ningún sonido.

Bicz uderzał go raz po raz, ale nie wydawał żadnego dźwięku.

Él no se inmutó ni se resistió, simplemente permaneció quieto y en silencio.

Nie drgnął ani nie stawiał oporu, po prostu pozostał nieruchomy i cichy.

Thornton se movió más de una vez, como si fuera a hablar, pero no lo hizo.

Thornton poruszył się kilkakrotnie, jakby chciał coś powiedzieć, ale tego nie zrobił.

Sus ojos se humedecieron y el látigo siguió golpeando contra Buck.

Jego oczy zrobiły się wilgotne, a bat nadal trzaskał o Bucka.

Finalmente, Thornton comenzó a caminar lentamente, sin saber qué hacer.

W końcu Thornton zaczął powoli przechadzać się po pokoju, niepewny, co robić.

Era la primera vez que Buck fallaba y Hal se puso furioso.

To była pierwsza porażka Bucka i Hal wpadł we wściekłość.

Dejó el látigo y en su lugar tomó el pesado garrote.

Odrzucił bat i zamiast niego podniósł ciężki kij.

El palo de madera cayó con fuerza, pero Buck todavía no se levantó para moverse.

Drewniany kij uderzył mocno, ale Buck nadal nie podniósł się, by wykonać jakiś ruch.

Al igual que sus compañeros de equipo, era demasiado débil, pero más que eso.

Podobnie jak jego koledzy z drużyny, był zbyt słaby, ale to nie wszystko.

Buck había decidido no moverse, sin importar lo que sucediera después.

Buck postanowił nie ruszać się, bez względu na to, co miało nastąpić.

Sintió algo oscuro y seguro flotando justo delante.

Wyczuł coś mrocznego i pewnego, co czaiło się tuż przed nim.

Ese miedo se apoderó de él tan pronto como llegó a la orilla del río.

Strach ogarnął go, gdy tylko dotarł do brzegu rzeki.

La sensación no lo había abandonado desde que sintió el hielo fino bajo sus patas.

Uczucie to nie opuściło go, odkąd poczuł, że lód pod jego łapami staje się cienki.

Algo terrible lo esperaba; lo sintió más allá del camino.

Czekało na niego coś strasznego – wyczuł to tuż na szlaku.

No iba a caminar hacia esa cosa terrible que había delante.

Nie miał zamiaru iść w kierunku tej strasznej rzeczy, która go czekała

Él no iba a obedecer ninguna orden que lo llevara a esa cosa.

Nie miał zamiaru wykonywać żadnego polecenia, które doprowadziłoby go do tego miejsca.

El dolor de los golpes apenas lo afectaba ahora: estaba demasiado lejos.

Ból zadawanych ciosów już go prawie nie dotykał – był już w zbyt złym stanie.

La chispa de la vida parpadeaba débilmente y se apagaba bajo cada golpe cruel.

Iskra życia tliła się słabo, przygasała pod każdym okrutnym uderzeniem.

Sus extremidades se sentían distantes; su cuerpo entero parecía pertenecer a otro.

Jego kończyny wydawały się odległe; całe ciało zdawało się należeć do kogoś innego.

Sintió un extraño entumecimiento mientras el dolor desapareció por completo.

Poczuł dziwne odrętwienie, a ból całkowicie ustąpił.

Desde lejos, sentía que lo golpeaban, pero apenas lo sabía.

Już z daleka wyczuwał, że jest bity, lecz nie zdawał sobie z tego sprawy.

Podía oír los golpes débilmente, pero ya no dolían realmente.

Słyszał słabe odgłosy, ale już nie sprawiały prawdziwego bólu.

Los golpes dieron en el blanco, pero su cuerpo ya no parecía el suyo.

Ciosy spadły, ale jego ciało nie przypominało już jego własnego.

Entonces, de repente y sin previo aviso, John Thornton lanzó un grito salvaje.

Nagle, bez ostrzeżenia, John Thornton wydał dziki krzyk.

Era un grito inarticulado, más el grito de una bestia que el de un hombre.

Głos był niewyraźny, przypominał raczej krzyk zwierzęcia niż człowieka.

Saltó hacia el hombre con el garrote y tiró a Hal hacia atrás.

Skoczył na mężczyznę z pałką i odrzucił Hala do tyłu.

Hal voló como si lo hubiera golpeado un árbol y aterrizó con fuerza en el suelo.

Hal poleciał, jakby uderzyło go drzewo, i twardo wylądował na ziemi.

Mercedes gritó en pánico y se llevó las manos a la cara.

Mercedes krzyknęła głośno w panice i złapała się za twarz.

Charles se limitó a mirar, se secó los ojos y permaneció sentado.

Charles tylko patrzył, otarł oczy i pozostał na miejscu.

Su cuerpo estaba demasiado rígido por el dolor para levantarse o ayudar en la pelea.

Jego ciało było zbyt sztywne z bólu, aby mógł wstać i wziąć udział w walce.

Thornton se quedó de pie junto a Buck, temblando de furia, incapaz de hablar.

Thornton stanął nad Buckiem, trzęsąc się ze złości i niezdolny wykrztusić słowa.

Se estremeció de rabia y luchó por encontrar su voz a través de ella.

Trząsł się ze złości i walczył, żeby przebić się przez nią.

—Si vuelves a golpear a ese perro, te mataré —dijo finalmente.

„Jeśli jeszcze raz uderzysz tego psa, zabiję cię" – powiedział w końcu.

Hal se limpió la sangre de la boca y volvió a avanzar.

Hal otarł krew z ust i ponownie wyszedł naprzód.

—Es mi perro —murmuró—. ¡Quítate del medio o te curaré!

„To mój pies" – mruknął. „Zejdź mi z drogi, albo cię naprawię".

"Voy a Dawson y no me lo vas a impedir", añadió.

„Idę do Dawson i nie możesz mnie powstrzymać" – dodał.

Thornton se mantuvo firme entre Buck y el joven enojado.

Thornton stanął twardo między Buckiem a wściekłym młodym mężczyzną.

No tenía intención de hacerse a un lado o dejar pasar a Hal.

Nie miał zamiaru ustąpić ani pozwolić Halowi przejść.

Hal sacó su cuchillo de caza, largo y peligroso en la mano.

Hal wyciągnął swój nóż myśliwski, długi i niebezpieczny w dłoni.

Mercedes gritó, luego lloró y luego rió con una histeria salvaje.

Mercedes krzyknęła, rozpłakała się, a następnie roześmiała się histerycznie.

Thornton golpeó la mano de Hal con el mango de su hacha, fuerte y rápido.

Thornton uderzył Hala w rękę trzonkiem topora, mocno i szybko.

El cuchillo se soltó del agarre de Hal y voló al suelo.

Nóż wypadł Halowi z ręki i upadł na ziemię.

Hal intentó recoger el cuchillo y Thornton volvió a golpearle los nudillos.

Hal spróbował podnieść nóż, a Thornton ponownie uderzył go w knykcie.

Entonces Thornton se agachó, agarró el cuchillo y lo sostuvo.

Wtedy Thornton pochylił się, chwycił nóż i trzymał go.

Con dos rápidos golpes del mango del hacha, cortó las riendas de Buck.

Dwoma szybkimi cięciami trzonka topora przeciął wodze Bucka.

Hal ya no tenía fuerzas para luchar y se apartó del perro.

Hal nie miał już sił do walki i odsunął się od psa.

Además, Mercedes necesitaba ahora ambos brazos para mantenerse erguida.

Poza tym Mercedes potrzebowała teraz obu rąk, żeby utrzymać się w pozycji pionowej.

Buck estaba demasiado cerca de la muerte como para volver a ser útil para tirar de un trineo.

Buck był już zbyt bliski śmierci, by nadawać się do ciągnięcia sań.

Unos minutos después, se marcharon y se dirigieron río abajo.

Kilka minut później wypłynęli i skierowali się w dół rzeki.

Buck levantó la cabeza débilmente y los observó mientras salían del banco.

Buck słabo podniósł głowę i patrzył, jak opuszczają bank.

Pike lideró el equipo, con Solleks en la parte trasera, al volante.

Pike przewodził zespołowi, a Solleks jechał z tyłu, na pozycji koła.

Joe y Teek caminaron entre ellos, ambos cojeando por el cansancio.

Joe i Teek szli pomiędzy nimi, obaj utykając ze zmęczenia.

Mercedes se sentó en el trineo y Hal agarró el largo palo.

Mercedes usiadła na saniach, a Hal chwycił długi drążek sterowniczy.

Charles se tambaleó detrás, sus pasos torpes e inseguros.

Charles potknął się i szedł za nim niezdarnie i niepewnie.

Thornton se arrodilló junto a Buck y buscó con delicadeza los huesos rotos.

Thornton ukląkł obok Bucka i delikatnie sprawdził, czy nie ma złamanych kości.

Sus manos eran ásperas pero se movían con amabilidad y cuidado.

Jego dłonie były szorstkie, ale poruszały się z życzliwością i troską.

El cuerpo de Buck estaba magullado pero no mostraba lesiones duraderas.

Ciało Bucka było posiniaczone, jednak nie miało żadnych poważnych obrażeń.

Lo que quedó fue un hambre terrible y una debilidad casi total.

Pozostał okropny głód i niemal całkowite osłabienie.

Cuando esto quedó claro, el trineo ya había avanzado mucho río abajo.

Kiedy wszystko stało się jasne, sanie były już daleko w dół rzeki.

El hombre y el perro observaron cómo el trineo se deslizaba lentamente sobre el hielo agrietado.

Mężczyzna i pies obserwowali, jak sanie powoli suną po pękającym lodzie.

Luego vieron que el trineo se hundía en un hueco.

Potem zobaczyli, że sanie zapadły się w zagłębienie.

El mástil voló hacia arriba, con Hal todavía aferrándose a él en vano.

Słupek z wiatrem poleciał w górę, a Hal wciąż kurczowo się go trzymał, ale bezskutecznie.

El grito de Mercedes les llegó a través de la fría distancia.

Krzyk Mercedes dotarł do nich przez zimną dal.

Charles se giró y dio un paso atrás, pero ya era demasiado tarde.

Charles odwrócił się i cofnął, ale było już za późno.

Una capa de hielo entera cedió y todos ellos cayeron al suelo.

Cała pokrywa lodowa pękła i wszystkie wpadły do środka.

Los perros, los trineos y las personas desaparecieron en el agua negra que había debajo.

Psy, sanie i ludzie zniknęli w czarnej wodzie poniżej.

En el hielo por donde habían pasado sólo quedaba un amplio agujero.

W miejscu, gdzie przejechali, w lodzie pozostała tylko szeroka dziura.

El sendero se había hundido por completo, tal como Thornton había advertido.

Dno szlaku zapadło się – dokładnie tak, jak ostrzegał Thornton.

Thornton y Buck se miraron el uno al otro y guardaron silencio por un momento.

Thornton i Buck spojrzeli po sobie i przez chwilę milczeli.

—Pobre diablo —dijo Thornton suavemente, y Buck le lamió la mano.

„Biedaku" – powiedział cicho Thornton, a Buck polizał go po ręce.

Por el amor de un hombre
Z miłości do mężczyzny

John Thornton se congeló los pies en el frío del diciembre anterior.
John Thornton zamarzł w grudniu z powodu zimna.

Sus compañeros lo hicieron sentir cómodo y lo dejaron recuperarse solo.
Jego partnerzy zapewnili mu wygodę i pozostawili, aby sam doszedł do siebie.

Subieron al río para recoger una balsa de troncos para aserrar para Dawson.
Popłynęli w górę rzeki, aby zebrać tratwę pełną kłód drewna dla Dawsona.

Todavía cojeaba ligeramente cuando rescató a Buck de la muerte.
Kiedy uratował Bucka przed śmiercią, wciąż lekko utykał.

Pero como el clima cálido continuó, incluso esa cojera desapareció.
Ale wraz z utrzymującą się ciepłą pogodą, nawet to utykanie zniknęło.

Durante los largos días de primavera, Buck descansaba a orillas del río.
Buck odpoczywał, leżąc nad brzegiem rzeki podczas długich wiosennych dni.

Observó el agua fluir y escuchó a los pájaros y a los insectos.
Przyglądał się płynącej wodzie i słuchał ptaków i owadów.

Lentamente, Buck recuperó su fuerza bajo el sol y el cielo.
Buck powoli odzyskiwał siły pod słońcem i niebem.

Un descanso fue maravilloso después de viajar tres mil millas.
Odpoczynek po przebyciu trzech tysięcy mil był wspaniały.

Buck se volvió perezoso a medida que sus heridas sanaban y su cuerpo se llenaba.
Buck stał się leniwy, ponieważ jego rany się goiły, a ciało nabierało objętości.

Sus músculos se reafirmaron y la carne volvió a cubrir sus huesos.

Jego mięśnie stały się jędrniejsze, a kości znów pokryły się skórą.

Todos estaban descansando: Buck, Thornton, Skeet y Nig.

Wszyscy odpoczywali — Buck, Thornton, Skeet i Nig.

Esperaron la balsa que los llevaría a Dawson.

Czekali na tratwę, która miała ich zawieźć do Dawson.

Skeet era un pequeño setter irlandés que se hizo amigo de Buck.

Skeet był małym irlandzkim seterem, który zaprzyjaźnił się z Buckiem.

Buck estaba demasiado débil y enfermo para resistirse a ella en su primer encuentro.

Buck był zbyt słaby i chory, aby stawić jej opór podczas ich pierwszego spotkania.

Skeet tenía el rasgo de sanador que algunos perros poseen naturalmente.

Skeet miał naturalną cechę uzdrowiciela, którą posiadają niektóre psy.

Como una gata madre, lamió y limpió las heridas abiertas de Buck.

Jak matka kotka, lizała i oczyściła otwarte rany Bucka.

Todas las mañanas, después del desayuno, repetía su minucioso trabajo.

Każdego ranka po śniadaniu powtarzała swoją skrupulatną pracę.

Buck llegó a esperar su ayuda tanto como la de Thornton.

Buck spodziewał się jej pomocy tak samo, jak oczekiwał pomocy Thorntona.

Nig también era amigable, pero menos abierto y menos cariñoso.

Nig również był przyjacielski, ale mniej otwarty i uczuciowy.

Nig era un perro grande y negro, mitad sabueso y mitad lebrel.

Nig był dużym, czarnym psem, mieszańcem charta i charta szkockiego.

Tenía ojos sonrientes y un espíritu bondadoso sin límites.

Miał śmiejące się oczy i nieskończoną dobroć ducha.

Para sorpresa de Buck, ninguno de los perros mostró celos hacia él.

Ku zaskoczeniu Bucka, żaden z psów nie okazał zazdrości.

Tanto Skeet como Nig compartieron la amabilidad de John Thornton.

Zarówno Skeet, jak i Nig dzielili się życzliwością Johna Thorntona.

A medida que Buck se hacía más fuerte, lo atrajeron hacia juegos de perros tontos.

Kiedy Buck stawał się silniejszy, wciągali go w głupie, psie zabawy.

Thornton también jugaba a menudo con ellos, incapaz de resistirse a su alegría.

Thornton również często się z nimi bawił, nie potrafiąc oprzeć się ich radości.

De esta manera lúdica, Buck pasó de la enfermedad a una nueva vida.

W ten zabawny sposób Buck przeszedł od choroby do nowego życia.

El amor, el amor verdadero, ardiente y apasionado, finalmente era suyo.

Miłość — prawdziwa, płomienna i namiętna — w końcu była jego.

Nunca había conocido ese tipo de amor en la finca de Miller.

Nigdy nie zaznał takiej miłości w posiadłości Millera.

Con los hijos del Juez había compartido trabajo y aventuras.

Razem z synami sędziego dzielił pracę i przygody.

En los nietos vio un orgullo rígido y jactancioso.

U wnuków widział sztywną i dumną osobę.

Con el propio juez Miller mantuvo una amistad respetuosa.

Z samym sędzią Millerem łączył go pełen szacunku przyjacielski stosunek.

Pero el amor que era fuego, locura y adoración llegó con Thornton.

Ale miłość, która była ogniem, szaleństwem i uwielbieniem, przyszła wraz z Thorntonem.

Este hombre había salvado la vida de Buck, y eso solo significaba mucho.

Ten człowiek uratował życie Buckowi, a to już samo w sobie wiele znaczyło.

Pero más que eso, John Thornton era el tipo de maestro ideal.

Ale co ważniejsze, John Thornton był idealnym mistrzem.

Otros hombres cuidaban perros por obligación o necesidad laboral.

Inni mężczyźni opiekowali się psami z powodów służbowych lub zawodowych.

John Thornton cuidaba a sus perros como si fueran sus hijos.

John Thornton dbał o swoje psy tak, jakby były jego dziećmi.

Él se preocupaba por ellos porque los amaba y simplemente no podía evitarlo.

Troszczył się o nich, ponieważ ich kochał i po prostu nie potrafił sobie pomóc.

John Thornton vio incluso más lejos de lo que la mayoría de los hombres lograron ver.

John Thornton widział dalej, niż większość ludzi kiedykolwiek zdołała dostrzec.

Nunca se olvidó de saludarlos amablemente o decirles alguna palabra de aliento.

Nigdy nie zapominał, by ich uprzejmie pozdrowić lub powiedzieć im kilka słów otuchy.

Le encantaba sentarse con los perros para tener largas charlas, o "gases", como él decía.

Uwielbiał siadać z psami i prowadzić z nimi długie rozmowy, które, jak sam mówił, były „gazowe".

Le gustaba agarrar bruscamente la cabeza de Buck entre sus fuertes manos.

Lubił mocno chwytać głowę Bucka swoimi silnymi dłońmi.

Luego apoyó su cabeza contra la de Buck y lo sacudió suavemente.

Następnie oparł swoją głowę o głowę Bucka i delikatnie nim potrząsnął.

Mientras tanto, él llamaba a Buck con nombres groseros que significaban amor para Buck.

Przez cały czas wyzywał Bucka od niegrzecznych określeń, które miały mu oznaczać miłość do niego.

Para Buck, ese fuerte abrazo y esas palabras le trajeron una profunda alegría.

Dla Bucka ten brutalny uścisk i te słowa sprawiły głęboką radość.

Su corazón parecía latir con fuerza de felicidad con cada movimiento.

Zdawało się, że przy każdym ruchu jego serce drży ze szczęścia.

Cuando se levantó de un salto, su boca parecía como si se estuviera riendo.

Kiedy później podniósł się, jego usta wyglądały, jakby się śmiały.

Sus ojos brillaban intensamente y su garganta temblaba con una alegría tácita.

Jego oczy błyszczały, a gardło drżało z niewypowiedzianej radości.

Su sonrisa se detuvo en ese estado de emoción y afecto resplandeciente.

Jego uśmiech pozostał nieruchomy w tym stanie emocji i promiennego uczucia.

Entonces Thornton exclamó pensativo: "¡Dios! ¡Casi puede hablar!"

Wtedy Thornton zawołał z namysłem: „Boże! On prawie potrafi mówić!"

Buck tenía una extraña forma de expresar amor que casi causaba dolor.

Buck miał dziwny sposób wyrażania miłości, który niemal sprawiał mu ból.

A menudo apretaba muy fuerte la mano de Thornton entre los dientes.

Często mocno ściskał zębami dłoń Thorntona.

La mordedura iba a dejar marcas profundas que permanecerían durante algún tiempo.

Ugryzienie pozostawiło głębokie ślady, które miały pozostać widoczne jeszcze przez jakiś czas.

Buck creía que esos juramentos eran de amor y Thornton lo sabía también.

Buck uważał, że te przysięgi są wyrazem miłości, a Thornton wiedział to samo.

La mayoría de las veces, el amor de Buck se demostraba en una adoración silenciosa, casi silenciosa.

Najczęściej miłość Bucka wyrażała się w cichej, niemal bezgłośnej adoracji.

Aunque se emocionaba cuando lo tocaban o le hablaban, no buscaba atención.

Choć był podekscytowany, gdy ktoś go dotykał lub do niego mówił, nie szukał uwagi.

Skeet empujó su nariz bajo la mano de Thornton hasta que él la acarició.

Skeet szturchnęła jej nos pod dłoń Thorntona, aż ją pogłaskał.

Nig se acercó en silencio y apoyó su gran cabeza en la rodilla de Thornton.

Nig podszedł cicho i oparł swoją dużą głowę na kolanie Thorntona.

Buck, por el contrario, se conformaba con amar desde una distancia respetuosa.

Buck natomiast zadowalał się miłością okazywaną z szacunku na odległość.

Durante horas permaneció tendido a los pies de Thornton, alerta y observando atentamente.

Leżał godzinami u stóp Thorntona, czujny i uważnie obserwujący.

Buck estudió cada detalle del rostro de su amo y su más mínimo movimiento.

Buck przyjrzał się uważnie każdemu szczegółowi twarzy swego pana i najmniejszemu jego ruchowi.

O yacía más lejos, estudiando la figura del hombre en silencio.

Albo leżał dalej, w milczeniu studiując sylwetkę mężczyzny.

Buck observó cada pequeño movimiento, cada cambio de postura o gesto.

Buck obserwował każdy najmniejszy ruch, każdą zmianę postawy czy gestu.

Tan poderosa era esta conexión que a menudo atraía la mirada de Thornton.

To powiązanie było tak silne, że często przyciągało wzrok Thorntona.

Sostuvo la mirada de Buck sin palabras, pero el amor brillaba claramente a través de ella.

Spojrzał Buckowi w oczy bez słów, a miłość wyraźnie przez nie przebijała.

Durante mucho tiempo después de ser salvado, Buck nunca perdió de vista a Thornton.

Przez długi czas po uratowaniu Buck nie spuszczał Thorntona z oczu.

Cada vez que Thornton salía de la tienda, Buck lo seguía de cerca afuera.

Za każdym razem, gdy Thornton opuszczał namiot, Buck podążał za nim na zewnątrz.

Todos los amos severos de las Tierras del Norte habían hecho que Buck tuviera miedo de confiar.

Wszyscy surowi panowie w Północy sprawili, że Buck bał się zaufać.

Temía que ningún hombre pudiera seguir siendo su amo durante más de un corto tiempo.

Obawiał się, że żaden człowiek nie będzie w stanie pozostać jego panem dłużej niż przez krótki czas.

Temía que John Thornton desapareciera como Perrault y François.

Obawiał się, że John Thornton zniknie, podobnie jak Perrault i François.

Incluso por la noche, el miedo a perderlo acechaba el sueño inquieto de Buck.

Nawet w nocy strach przed jego utratą nie dawał spokoju Buckowi.

Cuando Buck se despertó, salió a escondidas al frío y fue a la tienda de campaña.

Kiedy Buck się obudził, wyszedł na zimno i poszedł do namiotu.

Escuchó atentamente el suave sonido de la respiración en su interior.

Uważnie nasłuchiwał cichego odgłosu oddechu w środku.

A pesar del profundo amor de Buck por John Thornton, lo salvaje siguió vivo.

Pomimo głębokiej miłości Bucka do Johna Thorntona, dzicz pozostała przy życiu.

Ese instinto primitivo, despertado en el Norte, no desapareció.

Ten pierwotny instynkt, ożywiony na Północy, nie zniknął.

El amor trajo devoción, lealtad y el cálido vínculo del fuego.

Miłość przyniosła oddanie, lojalność i ciepłą więź płynącą z ogniska domowego.

Pero Buck también mantuvo sus instintos salvajes, agudos y siempre alerta.

Ale Buck zachował także swoje dzikie instynkty, ostre i zawsze czujne.

No era sólo una mascota domesticada de las suaves tierras de la civilización.

Nie był po prostu oswojonym zwierzęciem domowym z miękkich krain cywilizacji.

Buck era un ser salvaje que había venido a sentarse junto al fuego de Thornton.

Buck był dzikim stworzeniem, które przyszło usiąść przy ognisku Thorntona.

Parecía un perro del Sur, pero en su interior vivía lo salvaje.

Wyglądał jak pies z południa, ale żyła w nim dzikość.

Su amor por Thornton era demasiado grande como para permitirle robarle algo.

Jego miłość do Thorntona była zbyt wielka, aby pozwolić na kradzież tego człowieka.

Pero en cualquier otro campamento, robaría con valentía y sin pausa.

Ale w każdym innym obozie kradłby śmiało i bez zastanowienia.

Era tan astuto al robar que nadie podía atraparlo ni acusarlo.

Był tak sprytny w kradzieżach, że nikt nie mógł go złapać ani oskarżyć.

Su rostro y su cuerpo estaban cubiertos de cicatrices de muchas peleas pasadas.

Jego twarz i ciało pokrywały blizny będące pozostałością po licznych walkach.

Buck seguía luchando con fiereza, pero ahora luchaba con más astucia.

Buck nadal walczył zaciekle, ale tym razem wykazał się większą przebiegłością.

Skeet y Nig eran demasiado amables para pelear, y eran de Thornton.

Skeet i Nig byli zbyt łagodni, by walczyć, i należeli do Thorntona.

Pero cualquier perro extraño, por fuerte o valiente que fuese, cedía.

Ale każdy obcy pies, bez względu na to jak silny czy odważny, ustępował.

De lo contrario, el perro se encontraría luchando contra Buck; luchando por su vida.

W przeciwnym razie pies musiał walczyć z Buckiem; walczyć o swoje życie.

Buck no tuvo piedad una vez que decidió pelear contra otro perro.

Buck nie miał litości, gdy zdecydował się walczyć z innym psem.

Había aprendido bien la ley del garrote y el colmillo en las Tierras del Norte.

W Northlandzie dobrze poznał prawo pałki i kła.

Él nunca renunció a una ventaja y nunca se retractó de la batalla.

Nigdy nie oddawał przewagi i nigdy nie wycofywał się z walki.

Había estudiado a los Spitz y a los perros más feroces del correo y de la policía.

Studiował szpice i najgroźniejsze psy pocztowe i policyjne.

Sabía claramente que no había término medio en un combate salvaje.

Wiedział wyraźnie, że w zaciekłej walce nie ma miejsca na nic pośredniego.

Él debía gobernar o ser gobernado; mostrar misericordia significaba mostrar debilidad.

Albo ktoś rządzi, albo jest rządzony; okazanie miłosierdzia oznaczało okazanie słabości.

Mercy era una desconocida en el crudo y brutal mundo de la supervivencia.

Miłosierdzie było nieznane w surowym i brutalnym świecie przetrwania.

Mostrar misericordia era visto como miedo, y el miedo conducía rápidamente a la muerte.

Okazywanie miłosierdzia było postrzegane jako strach, a strach szybko prowadził do śmierci.

La antigua ley era simple: matar o ser asesinado, comer o ser comido.

Stare prawo było proste: zabij albo zostaniesz zabity, zjedz albo zostaniesz zjedzony.

Esa ley vino desde las profundidades del tiempo, y Buck la siguió plenamente.

Prawo to zrodziło się w odległej przeszłości i Buck postępował zgodnie z nim w pełni.

Buck era mayor que su edad y el número de respiraciones que tomaba.

Buck był starszy, niż wskazywałby na to jego wiek i liczba oddechów, które wziął.

Conectó claramente el pasado antiguo con el momento presente.

Wyraźnie powiązał starożytną przeszłość z teraźniejszością.

Los ritmos profundos de las épocas lo atravesaban como mareas.

Głębokie rytmy wieków przenikały go niczym przypływy i odpływy.

El tiempo latía en su sangre con la misma seguridad con la que las estaciones movían la tierra.

Czas pulsował w jego krwi tak samo, jak pory roku poruszają ziemią.

Se sentó junto al fuego de Thornton, con el pecho fuerte y los colmillos blancos.

Siedział przy ognisku Thorntona, miał mocną klatkę piersiową i białe kły.

Su largo pelaje ondeaba, pero detrás de él los espíritus de los perros salvajes observaban.

Jego długie futro powiewało, ale za jego plecami obserwowały go duchy dzikich psów.

Lobos medio y lobos completos se agitaron dentro de su corazón y sus sentidos.

Półwilki i pełne wilki poruszyły się w jego sercu i zmysłach.

Probaron su carne y bebieron la misma agua que él.

Spróbowali jego mięsa i wypili tę samą wodę co on.

Olfatearon el viento junto a él y escucharon el bosque.

Węszyli razem z nim podmuchy wiatru i słuchali lasu.

Susurraron los significados de los sonidos salvajes en la oscuridad.

Szeptali znaczenie dzikich dźwięków w ciemności.

Ellos moldearon sus estados de ánimo y guiaron cada una de sus reacciones tranquilas.

Kształtowały jego nastroje i kierowały każdą z jego cichych reakcji.

Se quedaron con él mientras dormía y se convirtieron en parte de sus sueños más profundos.

Towarzyszyły mu, gdy spał i stały się częścią jego najgłębszych snów.

Soñaron con él, más allá de él, y constituyeron su propio espíritu.

Śnili razem z nim, poza nim, i stanowili jego samego ducha.

Los espíritus de la naturaleza llamaron con tanta fuerza que Buck se sintió atraído.

Duchy przyrody wołały tak głośno, że Buck poczuł się przyciągnięty.

Cada día, la humanidad y sus reivindicaciones se debilitaban más en el corazón de Buck.

Z każdym dniem ludzkość i jej roszczenia słabły w sercu Bucka.

En lo profundo del bosque, un llamado extraño y emocionante estaba por surgir.

Głęboko w lesie miało rozlegać się dziwne i ekscytujące wołanie.

Cada vez que escuchaba el llamado, Buck sentía un impulso que no podía resistir.

Za każdym razem, gdy słyszał wołanie, Buck odczuwał potrzebę, której nie potrafił się oprzeć.

Él iba a alejarse del fuego y de los caminos humanos trillados.

Zamierzał odwrócić się od ognia i utartych ludzkich ścieżek.

Iba a adentrarse en el bosque, avanzando sin saber por qué.

Zamierzał rzucić się w las, idąc naprzód, nie wiedząc dlaczego.

Él no cuestionó esta atracción porque el llamado era profundo y poderoso.

Nie kwestionował tego przyciągania, ponieważ zew był głęboki i potężny.

A menudo, alcanzaba la sombra verde y la tierra suave e intacta.

Często docierał do zielonego cienia i miękkiej, nietkniętej ziemi

Pero entonces el fuerte amor por John Thornton lo atrajo de nuevo al fuego.

Ale wielka miłość do Johna Thorntona znów wciągnęła go w ogień.

Sólo John Thornton realmente pudo sostener en sus manos el corazón salvaje de Buck.

Tylko John Thornton naprawdę potrafił zapanować nad dzikim sercem Bucka.

El resto de la humanidad no tenía ningún valor o significado duradero para Buck.

Reszta ludzkości nie miała dla Bucka żadnej trwałej wartości ani znaczenia.

Los extraños podrían elogiarlo o acariciar su pelaje con manos amistosas.

Obcy mogą go chwalić lub głaskać po futrze przyjaznymi dłońmi.

Buck permaneció impasible y se alejó por demasiado afecto.

Buck pozostał niewzruszony i odszedł, będąc pod wpływem zbytniej czułości.

Hans y Pete llegaron con la balsa que habían esperado durante tanto tiempo.

Hans i Pete przybyli tratwą, na którą długo czekali

Buck los ignoró hasta que supo que estaban cerca de Thornton.

Buck ignorował ich, dopóki nie dowiedział się, że są blisko Thorntona.

Después de eso, los toleró, pero nunca les mostró total calidez.

Potem tolerował ich, ale nigdy nie okazywał im pełnego ciepła.

Él aceptaba comida o gentileza de ellos como si les estuviera haciendo un favor.

Przyjmował od nich jedzenie i okazywał życzliwość, jakby robił im przysługę.

Eran como Thornton: sencillos, honestos y claros en sus pensamientos.

Byli jak Thornton – prości, uczciwi i jasno myślący.

Todos juntos viajaron al aserradero de Dawson y al gran remolino.

Wszyscy razem udali się do tartaku Dawsona i wielkiego wiru

En su viaje aprendieron a comprender profundamente la naturaleza de Buck.

Podczas podróży nauczyli się dogłębnie rozumieć naturę Bucka.

No intentaron acercarse como lo habían hecho Skeet y Nig.

Nie próbowali się do siebie zbliżyć, jak to zrobili Skeet i Nig.

Pero el amor de Buck por John Thornton solo se profundizó con el tiempo.

Ale miłość Bucka do Johna Thorntona z czasem tylko się pogłębiała.

Sólo Thornton podía colocar una mochila en la espalda de Buck en el verano.

Tylko Thornton potrafił umieścić plecak na grzbiecie Bucka latem.

Cualquiera que fuera lo que Thornton ordenaba, Buck estaba dispuesto a hacerlo a cabalidad.

Buck był gotów wykonać każde polecenie Thorntona.

Un día, después de que dejaron Dawson hacia las cabeceras del río Tanana,

Pewnego dnia, po opuszczeniu Dawson i udaniu się do źródeł rzeki Tanana,

El grupo se sentó en un acantilado que caía un metro hasta el lecho rocoso desnudo.

grupa siedziała na klifie, który opadał metr w dół, aż do nagiej skały.

John Thornton se sentó cerca del borde y Buck descansó a su lado.

John Thornton siedział blisko krawędzi, a Buck odpoczywał obok niego.

Thornton tuvo una idea repentina y llamó la atención de los hombres.

Thorntonowi przyszła nagła myśl i zwrócił uwagę mężczyzn.

Señaló hacia el otro lado del abismo y le dio a Buck una única orden.

Wskazał na przepaść i wydał Buckowi jedno polecenie.

—¡Salta, Buck! —dijo, extendiendo el brazo por encima del precipicio.

„Skacz, Buck!" powiedział, wyciągając rękę nad przepaścią.

En un momento, tuvo que agarrar a Buck, quien estaba saltando para obedecer.

W pewnej chwili musiał złapać Bucka, który rzucił się, by wykonać jego polecenie.

Hans y Pete corrieron hacia adelante y los pusieron a ambos a salvo.

Hans i Pete rzucili się do przodu i odciągnęli ich obu w bezpieczne miejsce.

Cuando todo terminó y recuperaron el aliento, Pete habló.

Gdy wszystko dobiegło końca i zdążyli złapać oddech, Pete przemówił.

"El amor es extraño", dijo, conmocionado por la feroz devoción del perro.

„Miłość jest niesamowita" – powiedział, wstrząśnięty wielkim oddaniem psa.

Thornton meneó la cabeza y respondió con seriedad y calma.

Thornton pokręcił głową i odpowiedział ze spokojną powagą.

"No, el amor es espléndido", dijo, "pero también terrible".

„Nie, miłość jest wspaniała" – powiedział – „ale i straszna".

"A veces, debo admitirlo, este tipo de amor me da miedo".

„Czasami, muszę przyznać, ten rodzaj miłości mnie przeraża."

Pete asintió y dijo: "Odiaría ser el hombre que te toque".

Pete skinął głową i powiedział: „Nie chciałbym być mężczyzną, który cię dotyka".

Miró a Buck mientras hablaba, serio y lleno de respeto.

Mówiąc to patrzył na Bucka poważnie i z szacunkiem.

—¡Py Jingo! —dijo Hans rápidamente—. Yo tampoco, señor.

„Py Jingo!" powiedział szybko Hans. „Ja też nie, nie, sir."

Antes de que terminara el año, los temores de Pete se hicieron realidad en Circle City.

Zanim rok dobiegł końca, obawy Pete'a spełniły się w Circle City.

Un hombre cruel llamado Black Burton provocó una pelea en el bar.

Okrutny mężczyzna o imieniu Black Burton wszczął bójkę w barze.

Estaba enojado y malicioso, arremetiendo contra un nuevo novato.

Był wściekły i złośliwy, atakował nowego nowicjusza.

John Thornton entró en escena, tranquilo y afable como siempre.

John Thornton jak zwykle spokojny i życzliwy.

Buck yacía en un rincón, con la cabeza gacha, observando a Thornton de cerca.

Buck leżał w kącie, z głową spuszczoną w dół, uważnie obserwując Thorntona.

Burton atacó de repente, y su puñetazo hizo que Thornton girara.

Burton nagle uderzył, jego cios powalił Thorntona.

Sólo la barandilla de la barra evitó que se estrellara con fuerza contra el suelo.

Tylko poręcz baru uchroniła go przed uderzeniem o ziemię.

Los observadores oyeron un sonido que no era un ladrido ni un aullido.

Obserwatorzy usłyszeli dźwięk, który nie był szczekaniem ani piskiem

Un rugido profundo salió de Buck mientras se lanzaba hacia el hombre.

Buck wydał z siebie głęboki ryk i rzucił się w stronę mężczyzny.

Burton levantó el brazo y apenas salvó su vida.

Burton podniósł rękę i cudem uratował sobie życie.

Buck se estrelló contra él y lo tiró al suelo.

Buck wpadł na niego i powalił go na podłogę.

Buck mordió profundamente el brazo del hombre y luego se abalanzó sobre su garganta.

Buck wbił się głęboko w ramię mężczyzny i rzucił się na jego gardło.

Burton sólo pudo bloquearlo parcialmente y su cuello quedó destrozado.

Burtonowi udało się zablokować tylko częściowo, w wyniku czego doszło do rozcięcia szyi.

Los hombres se apresuraron a entrar, con los garrotes en alto, y apartaron a Buck del hombre sangrante.

Mężczyźni rzucili się do akcji, podnieśli pałki i zepchnęli Bucka z krwawiącego mężczyzny.

Un cirujano trabajó rápidamente para detener la fuga de sangre.

Chirurg szybko zatamował odpływ krwi.

Buck caminaba de un lado a otro y gruñía, intentando atacar una y otra vez.

Buck chodził tam i z powrotem, warcząc, próbując raz po raz atakować.

Sólo los golpes con los palos le impidieron llegar hasta Burton.

Tylko machnięcia kijami uniemożliwiły mu dotarcie do Burtona.

Allí mismo se convocó y celebró una asamblea de mineros.

Zwołano zebranie górników i odbyło się ono na miejscu.

Estuvieron de acuerdo en que Buck había sido provocado y votaron por liberarlo.

Zgodzili się, że Buck został sprowokowany i zagłosowali za jego uwolnieniem.

Pero el feroz nombre de Buck ahora resonaba en todos los campamentos de Alaska.

Ale groźne imię Bucka rozbrzmiewało teraz w każdym obozie na Alasce.

Más tarde ese otoño, Buck salvó a Thornton nuevamente de una nueva manera.

Później tej jesieni Buck uratował Thorntona ponownie, ale w nowy sposób.

Los tres hombres guiaban un bote largo por rápidos agitados.

Trzej mężczyźni prowadzili długą łódź przez rwące bystrza.

Thornton tripulaba el bote, gritando instrucciones para llegar a la costa.

Thornton kierował łodzią i wykrzykiwał wskazówki, jak dotrzeć do brzegu.

Hans y Pete corrieron por la tierra, sosteniendo una cuerda de árbol a árbol.

Hans i Pete biegali po lądzie, trzymając się liny rozpiętej między drzewami.

Buck seguía el ritmo en la orilla, siempre observando a su amo.

Buck biegł wzdłuż brzegu, cały czas obserwując swego pana.

En un lugar desagradable, las rocas sobresalían bajo el agua rápida.

W jednym paskudnym miejscu spod rwącej wody wystawały skały.

Hans soltó la cuerda y Thornton dirigió el bote hacia otro lado.

Hans puścił linę, a Thornton skierował łódź szeroko.

Hans corrió para alcanzar el barco nuevamente más allá de las rocas peligrosas.

Hans pobiegł, aby dogonić łódź, mijając niebezpieczne skały.

El barco superó la cornisa pero se topó con una parte más fuerte de la corriente.

Łódź odbiła od krawędzi, ale uderzyła w silniejszy nurt.

Hans agarró la cuerda demasiado rápido y desequilibró el barco.

Hans chwycił linę zbyt szybko i łódź straciła równowagę.

El barco se volcó y se estrelló contra la orilla, boca abajo.

Łódź przewróciła się i uderzyła dnem w brzeg.

Thornton fue arrojado y arrastrado hacia la parte más salvaje del agua.

Thorntona wyrzucono i porwała w najdzikszą część wody.

Ningún nadador habría podido sobrevivir en esas aguas turbulentas y mortales.

Żaden pływak nie przeżyłby w tych śmiercionośnych, rwących wodach.

Buck saltó instantáneamente y persiguió a su amo río abajo.

Buck natychmiast wskoczył do wody i pobiegł za swoim panem w dół rzeki.

Después de trescientos metros, llegó por fin a Thornton.

Po trzystu jardach dotarł w końcu do Thorntona.

Thornton agarró la cola de Buck y Buck se giró hacia la orilla.

Thornton złapał Bucka za ogon, a Buck odwrócił się w stronę brzegu.

Nadó con todas sus fuerzas, luchando contra el arrastre salvaje del agua.

Płynął z całych sił, zmagając się z gwałtownym oporem wody.

Se movieron río abajo más rápido de lo que podían llegar a la orilla.

Przemieszczali się w dół rzeki szybciej, niż mogli dotrzeć do brzegu.

Más adelante, el río rugía cada vez más fuerte mientras caía en rápidos mortales.

Rzeka przed nami ryczała głośniej, wpadając w śmiercionośne bystrza.

Las rocas cortaban el agua como los dientes de un peine enorme.

Skały przecinały wodę niczym zęby ogromnego grzebienia.

La atracción del agua cerca de la caída era salvaje e ineludible.

Siła przyciągania wody w pobliżu spadku była ogromna i nieunikniona.

Thornton sabía que nunca podrían llegar a la costa a tiempo.

Thornton wiedział, że nie dotrą na czas do brzegu.

Raspó una roca, se estrelló contra otra,

Przesunął się po jednym kamieniu, roztrzaskał drugi,

Y entonces se estrelló contra una tercera roca, agarrándola con ambas manos.

A potem uderzył w trzecią skałę, chwytając ją obiema rękami.

Soltó a Buck y gritó por encima del rugido: "¡Vamos, Buck! ¡Vamos!".

Puścił Bucka i krzyknął ponad rykiem: „Dalej, Buck! Dawaj!"

Buck no pudo mantenerse a flote y fue arrastrado por la corriente.

Buck nie zdołał utrzymać się na powierzchni i został pochłonięty przez prąd.

Luchó con todas sus fuerzas, intentando girar, pero no consiguió ningún progreso.

Walczył z całych sił, usiłując się odwrócić, lecz nie zrobił żadnych postępów.

Entonces escuchó a Thornton repetir la orden por encima del rugido del río.

Wtedy usłyszał Thorntona powtarzającego rozkaz, przekrzykując szum rzeki.

Buck salió del agua y levantó la cabeza como para echar una última mirada.

Buck wynurzył się z wody i podniósł głowę, jakby chciał rzucić ostatnie spojrzenie.

Luego se giró y obedeció, nadando hacia la orilla con resolución.

po czym odwrócił się i posłuchał, płynąc zdecydowanie w stronę brzegu.

Pete y Hans lo sacaron a tierra en el último momento posible.

Pete i Hans wyciągnęli go na brzeg w ostatniej chwili.

Sabían que Thornton podría aferrarse a la roca sólo por unos minutos más.

Wiedzieli, że Thornton wytrzyma kurczowo trzymanie się skały jeszcze przez kilka minut.

Corrieron por la orilla hasta un lugar mucho más arriba de donde estaba colgado.

Pobiegli na brzeg, aż do miejsca wysoko nad miejscem, gdzie wisiał.

Ataron la cuerda del bote al cuello y los hombros de Buck con cuidado.

Ostrożnie przywiązali linę do szyi i ramion Bucka.

La cuerda estaba ajustada pero lo suficientemente suelta para permitir la respiración y el movimiento.

Lina była ciasna, ale jednocześnie wystarczająco luźna, aby umożliwić oddychanie i poruszanie się.

Luego lo lanzaron nuevamente al caudaloso y mortal río.

Następnie wrzucili go ponownie do rwącej, śmiercionośnej rzeki.

Buck nadó con valentía, pero perdió su ángulo debido a la fuerza de la corriente.

Buck płynął śmiało, ale nie trafił pod właściwy kąt, wpadając w rwący nurt.

Se dio cuenta demasiado tarde de que iba a dejar atrás a Thornton.

Za późno zdał sobie sprawę, że za chwilę wyprzedzi Thorntona.

Hans tiró de la cuerda con fuerza, como si Buck fuera un barco que se hundía.

Hans szarpnął linę tak mocno, jakby Buck był wywracającą się łodzią.

La corriente lo arrastró hacia abajo y desapareció bajo la superficie.

Prąd pociągnął go pod wodę i zniknął.

Su cuerpo chocó contra el banco antes de que Hans y Pete pudieran sacarlo.

Jego ciało uderzyło w brzeg, zanim Hans i Pete go wyciągnęli.

Estaba medio ahogado y le sacaron el agua a golpes.

Był na wpół utopiony, więc wylali z niego wodę.

Buck se puso de pie, se tambaleó y volvió a desplomarse en el suelo.

Buck wstał, zachwiał się i znów padł na ziemię.

Entonces oyeron la voz de Thornton llevada débilmente por el viento.

Wtedy usłyszeli słaby głos Thorntona niesiony przez wiatr.

Aunque las palabras no eran claras, sabían que estaba cerca de morir.

Chociaż słowa były niejasne, wiedzieli, że jest bliski śmierci.

El sonido de la voz de Thornton golpeó a Buck como una sacudida eléctrica.

Dźwięk głosu Thorntona uderzył Bucka niczym szok elektryczny.

Saltó y corrió por la orilla, regresando al punto de lanzamiento.

Wyskoczył i pobiegł na brzeg, wracając do punktu wyjścia.

Nuevamente ataron la cuerda a Buck, y nuevamente entró al arroyo.

Ponownie przywiązali linę do Bucka i ponownie wszedł do strumienia.

Esta vez nadó directo y firmemente hacia el agua que palpitaba.

Tym razem popłynął prosto i pewnie pod rwącą wodę.

Hans soltó la cuerda con firmeza mientras Pete evitaba que se enredara.

Hans stopniowo rozluźniał linę, a Pete pilnował, żeby się nie zaplątała.

Buck nadó con fuerza hasta que estuvo alineado justo encima de Thornton.

Buck płynął szybko, aż znalazł się tuż nad Thorntonem.

Luego se dio la vuelta y se lanzó hacia abajo como un tren a toda velocidad.

Następnie odwrócił się i ruszył w dół, niczym rozpędzony pociąg.

Thornton lo vio venir, se preparó y le rodeó el cuello con los brazos.

Thornton dostrzegł go, wyprostował się i objął go ramionami za szyję.

Hans ató la cuerda fuertemente alrededor de un árbol mientras ambos eran arrastrados hacia abajo.

Hans przywiązał linę mocno do drzewa i oboje zostali wciągnięci pod wodę.

Cayeron bajo el agua y se estrellaron contra rocas y escombros del río.

Wpadli pod wodę, rozbijając się o skały i śmieci rzeczne.

En un momento Buck estaba arriba y al siguiente Thornton se levantó jadeando.

W jednej chwili Buck był na górze, w drugiej Thornton podniósł się, łapiąc oddech.

Maltratados y asfixiados, se desviaron hacia la orilla y se pusieron a salvo.

Pobici i zadławieni, skierowali się w stronę brzegu, gdzie znaleźli się w bezpiecznym miejscu.

Thornton recuperó el conocimiento, acostado sobre un tronco a la deriva.

Thornton odzyskał przytomność, leżąc na dryfującym pniu.

Hans y Pete trabajaron duro para devolverle el aliento y la vida.

Hans i Pete ciężko pracowali, aby przywrócić mu oddech i życie.

Su primer pensamiento fue para Buck, que yacía inmóvil y flácido.

Jego pierwszą myślą był Buck, który leżał nieruchomo i bezwładnie.

Nig aulló sobre el cuerpo de Buck y Skeet le lamió la cara suavemente.

Nig zawył nad ciałem Bucka, a Skeet delikatnie lizał go po twarzy.

Thornton, dolorido y magullado, examinó a Buck con manos cuidadosas.

Thornton, obolały i posiniaczony, ostrożnie zbadał Bucka.

Encontró tres costillas rotas, pero ninguna herida mortal en el perro.

Stwierdził u psa złamanie trzech żeber, ale nie stwierdzono u niego żadnych śmiertelnych ran.

"Eso lo resuelve", dijo Thornton. "Acamparemos aquí". Y así lo hicieron.

„To załatwia sprawę" – powiedział Thornton. „Rozbijamy tu obóz". I tak zrobili.

Se quedaron hasta que las costillas de Buck sanaron y pudo caminar nuevamente.

Zostali tam, aż żebra Bucka się zagoiły i mógł znowu chodzić.

Ese invierno, Buck realizó una hazaña que aumentó aún más su fama.

Zimą Buck dokonał wyczynu, który jeszcze bardziej przyniósł mu sławę.

Fue menos heroico que salvar a Thornton, pero igual de impresionante.

Było to mniej bohaterskie niż uratowanie Thorntona, ale równie imponujące.

En Dawson, los socios necesitaban suministros para un viaje lejano.

W Dawson partnerzy potrzebowali zapasów na daleką podróż.

Querían viajar hacia el Este, hacia tierras vírgenes y silvestres.

Chcieli podróżować na wschód, ku dziewiczym krainom.

La escritura de Buck en el Eldorado Saloon hizo posible ese viaje.

Wyczyn Bucka w Eldorado Saloon umożliwił tę podróż.

Todo empezó con hombres alardeando de sus perros mientras bebían.

Wszystko zaczęło się od mężczyzn, którzy przy drinku chwalili się swoimi psami.

La fama de Buck lo convirtió en blanco de desafíos y dudas.

Sława Bucka sprawiła, że stał się obiektem wyzwań i wątpliwości.

Thornton, orgulloso y tranquilo, se mantuvo firme en la defensa del nombre de Buck.

Thornton, dumny i spokojny, stanął twardo w obronie imienia Bucka.

Un hombre dijo que su perro podía levantar doscientos cincuenta kilos con facilidad.

Pewien mężczyzna stwierdził, że jego pies z łatwością potrafi uciągnąć pięćset funtów.

Otro dijo seiscientos, y un tercero se jactó de setecientos.

Inny chwalił się, że jest ich sześćset, a trzeci, że siedemset.

"¡Pfft!" dijo John Thornton, "Buck puede tirar de un trineo de mil libras".

„Pfft!" powiedział John Thornton, „Buck potrafi ciągnąć sanie ważące tysiąc funtów".

Matthewson, un Rey de Bonanza, se inclinó hacia delante y lo desafió.

Matthewson, członek Bonanza King, pochylił się do przodu i rzucił mu wyzwanie.

¿Crees que puede poner tanto peso en movimiento?

„Myślisz, że on może wprawić w ruch aż taki ciężar?"

"¿Y crees que puede tirar del peso cien yardas enteras?"

„I myślisz, że da radę przeciągnąć ciężar na całe sto jardów?"

Thornton respondió con frialdad: «Sí. Buck es lo suficientemente bueno como para hacerlo».

Thornton odpowiedział chłodno: „Tak. Buck jest wystarczająco psi, żeby to zrobić".

"Pondrá mil libras en movimiento y las arrastrará cien yardas".

„Wprawi w ruch tysiąc funtów i pociągnie sto jardów".

Matthewson sonrió lentamente y se aseguró de que todos los hombres escucharan sus palabras.

Matthewson uśmiechnął się powoli i upewnił się, że wszyscy mężczyźni usłyszeli jego słowa.

Tengo mil dólares que dicen que no puede. Ahí está.

„Mam tysiąc dolarów, które mówią, że nie może. Oto one."

Arrojó un saco de polvo de oro del tamaño de una salchicha sobre la barra.

Rzucił na bar worek wielkości kiełbasy wypełniony złotym pyłem.

Nadie dijo una palabra. El silencio se hizo denso y tenso a su alrededor.

Nikt nie powiedział ani słowa. Cisza wokół nich stała się ciężka i napięta.

El engaño de Thornton —si es que lo hubo— había sido tomado en serio.

Blef Thorntona — o ile można go było nazwać blefem — został potraktowany poważnie.

Sintió que el calor le subía a la cara mientras la sangre le subía a las mejillas.

Poczuł, jak twarz mu się czerwieni, a policzki napływają mu do oczu.

En ese momento su lengua se había adelantado a su razón.

W tym momencie jego język wziął górę nad rozumem.

Realmente no sabía si Buck podría mover mil libras.

Naprawdę nie wiedział, czy Buck będzie w stanie przetransportować tysiąc funtów.

¡Media tonelada! Solo su tamaño le hacía sentir un gran peso en el corazón.

Pół tony! Już sam rozmiar sprawił, że jego serce zrobiło się ciężkie.

Tenía fe en la fuerza de Buck y creía que era capaz.

Wierzył w siłę Bucka i wierzył, że jest do tego zdolny.

Pero nunca se había enfrentado a un desafío así, no de esta manera.

Ale nigdy wcześniej nie stanął przed takim wyzwaniem, nie w taki sposób.

Una docena de hombres lo observaban en silencio, esperando ver qué haría.

Kilkunastu mężczyzn obserwowało go w milczeniu, czekając na to, co zrobi.

Él no tenía el dinero, ni tampoco Hans ni Pete.

Nie miał pieniędzy, podobnie jak Hans i Pete.

"Tengo un trineo afuera", dijo Matthewson fría y directamente.

„Mam sanki na zewnątrz" – powiedział Matthewson chłodno i bezpośrednio.

"Está cargado con veinte sacos de cincuenta libras cada uno, todo de harina.

„Jest tam dwadzieścia worków, każdy po pięćdziesiąt funtów, wszystkie wypełnione mąką.

Así que no dejen que un trineo perdido sea su excusa ahora", añadió.

Więc nie pozwól, żeby zgubione sanki stały się teraz twoją wymówką" – dodał.

Thornton permaneció en silencio. No sabía qué decir.

Thornton stał w milczeniu. Nie wiedział, jakie słowa zaproponować.

Miró a su alrededor los rostros sin verlos con claridad.

Rozejrzał się po twarzach, ale nie widział ich wyraźnie.

Parecía un hombre congelado en sus pensamientos, intentando reiniciarse.

Wyglądał jak człowiek zamrożony w myślach, próbujący zacząć od nowa.

Luego vio a Jim O'Brien, un amigo de la época de Mastodon.

Potem zobaczył Jima O'Briena, przyjaciela z czasów Mastodona.

Ese rostro familiar le dio un coraje que no sabía que tenía.

Ta znajoma twarz dodała mu odwagi, o której istnieniu nie miał pojęcia.

Se giró y preguntó en voz baja: "¿Puedes prestarme mil?"

Odwrócił się i zapytał cichym głosem: „Czy możesz pożyczyć mi tysiąc?"

"Claro", dijo O'Brien, dejando caer un pesado saco junto al oro.

„Jasne" – powiedział O'Brien, upuszczając już ciężki worek obok złota.

"Pero la verdad, John, no creo que la bestia pueda hacer esto".

„Ale szczerze mówiąc, John, nie wierzę, że bestia jest w stanie to zrobić".

Todos los que estaban en el Eldorado Saloon corrieron hacia afuera para ver el evento.

Wszyscy obecni w Eldorado Saloon wybiegli na zewnątrz, żeby zobaczyć wydarzenie.

Abandonaron las mesas y las bebidas, e incluso los juegos se pausaron.

Zostawili stoły i napoje, a nawet gry zostały przerwane.

Comerciantes y jugadores acudieron para presenciar el final de la audaz apuesta.

Krupierzy i hazardziści przybyli, aby być świadkami końca śmiałego zakładu.

Cientos de personas se reunieron alrededor del trineo en la calle helada y abierta.

Setki osób zebrały się wokół sań na oblodzonej ulicy.

El trineo de Matthewson estaba cargado con un montón de sacos de harina.

Sanie Matthewsona były załadowane workami z mąką.

El trineo había permanecido parado durante horas a temperaturas bajo cero.

Sanie stały przez wiele godzin w ujemnych temperaturach.

Los patines del trineo estaban congelados y pegados a la nieve compacta.

Płozy sań były przymarznięte do ubitego śniegu.

Los hombres ofrecieron dos a uno de que Buck no podría mover el trineo.

Mężczyźni dawali dwa do jednego szansy, że Buck nie zdoła ruszyć sań.

Se desató una disputa sobre lo que realmente significaba "break out".

Wybuchł spór o to, co tak naprawdę oznacza „break out".

O'Brien dijo que Thornton debería aflojar la base congelada del trineo.

O'Brien powiedział, że Thornton powinien poluzować zamarzniętą podstawę sań.

Buck pudo entonces "escapar" de un comienzo sólido e inmóvil.

Buck mógł wtedy „wyrwać się" z solidnego, nieruchomego startu.

Matthewson argumentó que el perro también debe liberar a los corredores.

Matthewson argumentował, że pies musi uwolnić również biegaczy.

Los hombres que habían escuchado la apuesta estuvieron de acuerdo con la opinión de Matthewson.

Mężczyźni, którzy słyszeli o zakładzie, zgodzili się z poglądem Matthewsona.

Con esa decisión, las probabilidades aumentaron a tres a uno en contra de Buck.

Po tym orzeczeniu szanse Bucka wzrosły do trzech do jednego.

Nadie se animó a asumir las crecientes probabilidades de tres a uno.

Nikt nie wystąpił, by zniwelować rosnący stosunek szans trzech do jednego.

Ningún hombre creyó que Buck pudiera realizar la gran hazaña.

Nikt nie wierzył, że Buck będzie w stanie dokonać tak wielkiego wyczynu.

Thornton se había apresurado a hacer la apuesta, cargado de dudas.

Thornton został wciągnięty w zakład pełen wątpliwości.

Ahora miró el trineo y el equipo de diez perros que estaba a su lado.

Teraz spojrzał na sanie i jadący obok nich zaprzęg złożony z dziesięciu psów.

Ver la realidad de la tarea la hizo parecer más imposible.

Realność zadania sprawiła, że wydało się ono jeszcze bardziej niemożliwe do wykonania.

Matthewson estaba lleno de orgullo y confianza en ese momento.

W tym momencie Matthewson był pełen dumy i pewności siebie.

—¡Tres a uno! —gritó—. ¡Apuesto mil más, Thornton!

„Trzy do jednego!" krzyknął. „Założę się o kolejny tysiąc, Thornton!

"¿Qué dices?" añadió lo suficientemente alto para que todos lo oyeran.

Co mówisz?" – dodał wystarczająco głośno, aby wszyscy mogli go usłyszeć.

El rostro de Thornton mostraba sus dudas, pero su ánimo se había elevado.

Na twarzy Thorntona malowały się wątpliwości, lecz jego duch był silniejszy.

Ese espíritu de lucha ignoraba las probabilidades y no temía a nada en absoluto.

Ten duch walki ignorował przeciwności losu i nie bał się niczego.

Llamó a Hans y Pete para que trajeran todo su dinero a la mesa.

Zadzwonił do Hansa i Pete'a, żeby postawili wszystkie swoje pieniądze na stole.

Les quedaba poco: sólo doscientos dólares en total.

Zostało im niewiele — łącznie tylko dwieście dolarów.

Esta pequeña suma constituía su fortuna total en tiempos difíciles.

Ta niewielka suma stanowiła ich cały majątek w trudnych czasach.

Aún así, apostaron toda su fortuna contra la apuesta de Matthewson.

Mimo to postawili cały majątek przeciwko zakładowi Matthewsona.

El equipo de diez perros fue desenganchado y se alejó del trineo.

Zaprzęg złożony z dziesięciu psów został odczepiony i odsunął się od sań.

Buck fue colocado en las riendas, vistiendo su arnés familiar.

Bucka posadzili na lejcach i założyli mu znaną uprząż.

Había captado la energía de la multitud y sentía la tensión.

Wyczuł energię tłumu i napięcie.

De alguna manera, sabía que tenía que hacer algo por John Thornton.

W jakiś sposób wiedział, że musi coś zrobić dla Johna Thorntona.

La gente murmuraba con admiración ante la orgullosa figura del perro.

Ludzie wyrażali podziw, widząc dumną sylwetkę psa.

Era delgado y fuerte, sin un solo gramo de carne extra.

Był szczupły i silny, nie miał ani grama zbędnego ciała.

Su peso total de ciento cincuenta libras era todo potencia y resistencia.

Jego masa całkowita, wynosząca sto pięćdziesiąt funtów, odzwierciedlała siłę i wytrzymałość.

El pelaje de Buck brillaba como la seda, espeso y saludable.

Sierść Bucka lśniła jak jedwab, gęsta od zdrowia i siły.

El pelaje a lo largo de su cuello y hombros pareció levantarse y erizarse.

Sierść na jego szyi i ramionach zdawała się unosić i jeżyć.

Su melena se movía levemente, cada cabello vivo con su gran energía.

Jego grzywa lekko się poruszała, każdy włos był ożywiony jego ogromną energią.

Su pecho ancho y sus piernas fuertes hacían juego con su cuerpo pesado y duro.

Jego szeroka klatka piersiowa i silne nogi pasowały do jego ciężkiej, wytrzymałej sylwetki.

Los músculos se ondulaban bajo su abrigo, tensos y firmes como hierro.

Mięśnie napinały się pod jego płaszczem, napięte i sztywne niczym żelazne obręcze.

Los hombres lo tocaron y juraron que estaba construido como una máquina de acero.

Mężczyźni dotykali go i przysięgali, że jest zbudowany jak stalowa maszyna.

Las probabilidades bajaron levemente a dos a uno contra el gran perro.

Szanse nieznacznie spadły do dwóch do jednego na niekorzyść wielkiego psa.

Un hombre de los bancos Skookum se adelantó, tartamudeando.

Mężczyzna ze Skookum Benches ruszył naprzód, jąkając się.

—¡Bien, señor! ¡Ofrezco ochocientas libras por él, antes del examen, señor!

„Dobrze, proszę pana! Oferuję za niego osiemset — przed testem, proszę pana!"

"¡Ochocientos, tal como está ahora mismo!" insistió el hombre.

„Osiemset, tak jak stoi teraz!" – upierał się mężczyzna.

Thornton dio un paso adelante, sonrió y meneó la cabeza con calma.

Thornton zrobił krok naprzód, uśmiechnął się i spokojnie pokręcił głową.

Matthewson intervino rápidamente con una voz de advertencia y el ceño fruncido.

Matthewson szybko zareagował, ostrzegawczo mówiąc:

—Debes alejarte de él —dijo—. Dale espacio.

„Musisz się od niego odsunąć" – powiedział. „Daj mu przestrzeń".

La multitud quedó en silencio; sólo los jugadores seguían ofreciendo dos a uno.

Tłum ucichł; tylko hazardziści oferowali dwa do jednego.

Todos admiraban la complexión de Buck, pero la carga parecía demasiado grande.

Wszyscy podziwiali sylwetkę Bucka, ale ładunek wydawał się zbyt duży.

Veinte sacos de harina, cada uno de cincuenta libras de peso, parecían demasiados.

Dwadzieścia worków mąki — każdy ważący pięćdziesiąt funtów — wydawało się o wiele za dużo.

Nadie estaba dispuesto a abrir su bolsa y arriesgar su dinero.

Nikt nie chciał otwierać sakiewki i ryzykować pieniędzy.

Thornton se arrodilló junto a Buck y tomó su cabeza con ambas manos.

Thornton uklęknął obok Bucka i ujął jego głowę obiema dłońmi.

Presionó su mejilla contra la de Buck y le habló al oído.

Przycisnął policzek do policzka Bucka i zaczął mu mówić do ucha.

Ya no había apretones juguetones ni susurros de insultos amorosos.

Teraz nie było już żartobliwego potrząsania ani szeptanych czułych obelg.

Él sólo murmuró suavemente: "Tanto como me amas, Buck".

Wymamrotał tylko cicho: „Tak samo jak ty mnie kochasz, Buck".

Buck dejó escapar un gemido silencioso, su entusiasmo apenas fue contenido.

Buck wydał z siebie cichy jęk, ledwo powstrzymując swoją ekscytację.

Los espectadores observaron con curiosidad cómo la tensión llenaba el aire.

Widzowie z ciekawością obserwowali, jak napięcie unosiło się w powietrzu.

El momento parecía casi irreal, como algo más allá de la razón.

Ta chwila wydawała się prawie nierealna, jakby wykraczała poza granice rozsądku.

Cuando Thornton se puso de pie, Buck tomó suavemente su mano entre sus mandíbulas.

Kiedy Thornton wstał, Buck delikatnie ujął jego dłoń w szczęki.

Presionó con los dientes y luego lo soltó lenta y suavemente.

Nacisnął zębami, a potem powoli i delikatnie puścił.

Fue una respuesta silenciosa de amor, no dicha, pero entendida.

Była to cicha odpowiedź miłości, niewypowiedziana, lecz zrozumiana.

Thornton se alejó bastante del perro y dio la señal.

Thornton odsunął się od psa i dał mu sygnał.

—Ahora, Buck —dijo, y Buck respondió con calma y concentración.

„No, Buck" – powiedział, a Buck odpowiedział mu ze skupionym spokojem.

Buck apretó las correas y luego las aflojó unos centímetros.

Buck zacisnął sznurki, a potem poluzował je o kilka cali.

Éste era el método que había aprendido; su manera de romper el trineo.

To była metoda, której się nauczył; jego sposób na zepsucie sań.

—¡Caramba! —gritó Thornton con voz aguda en el pesado silencio.

„Ojej!" krzyknął Thornton ostrym głosem w ciężkiej ciszy.

Buck giró hacia la derecha y se lanzó con todo su peso.

Buck obrócił się w prawo i rzucił się do przodu, wykorzystując cały swój ciężar.

La holgura desapareció y la masa total de Buck golpeó las cuerdas apretadas.

Luz zniknął, a cała masa Bucka uderzyła w napięte linki.

El trineo tembló y los patines produjeron un crujido crujiente.

Sanie zadrżały, a płozy wydały głośny trzask.

—¡Ja! —ordenó Thornton, cambiando nuevamente la dirección de Buck.

„Haw!" – rozkazał Thornton, ponownie zmieniając kierunek Bucka.

Buck repitió el movimiento, esta vez tirando bruscamente hacia la izquierda.

Buck powtórzył ruch, tym razem skręcając ostro w lewo.

El trineo crujió más fuerte y los patines crujieron y se movieron.

Sanki trzaskały coraz głośniej, płozy pękały i przesuwały się.

La pesada carga se deslizó ligeramente hacia un lado sobre la nieve congelada.

Ciężki ładunek lekko się przesuwał na boki po zamarzniętym śniegu.

¡El trineo se había soltado del sendero helado!

Sanki wyrwały się z uchwytu oblodzonej ścieżki!

Los hombres contenían la respiración, sin darse cuenta de que ni siquiera estaban respirando.

Mężczyźni wstrzymywali oddech, nie zdając sobie sprawy, że nie oddychają.

—¡Ahora, TIRA! —gritó Thornton a través del silencio helado.

„Teraz CIĄGNIJ!" Thornton krzyknął przez mroźną ciszę.

La orden de Thornton sonó aguda, como el chasquido de un látigo.

Rozkaz Thorntona zabrzmiał ostro, jak trzask bicza.

Buck se lanzó hacia adelante con una estocada feroz y estremecedora.

Buck rzucił się do przodu, wykonując gwałtowny i wstrząsający atak.

Todo su cuerpo se tensó y se arrugó por la enorme tensión.

Całe jego ciało było napięte i zmarszczone, pod wpływem ogromnego obciążenia.

Los músculos se ondulaban bajo su pelaje como serpientes que cobraban vida.

Mięśnie napinały się pod jego futrem niczym ożywione węże.

Su gran pecho estaba bajo y la cabeza estirada hacia delante, hacia el trineo.

Jego wielka klatka piersiowa była nisko opuszczona, a głowa wyciągnięta do przodu w kierunku sań.

Sus patas se movían como un rayo y sus garras cortaban el suelo helado.

Jego łapy poruszały się błyskawicznie, pazury przecinały zamarzniętą ziemię.

Los surcos se abrieron profundos mientras luchaba por cada centímetro de tracción.

Walcząc o każdy centymetr przyczepności, pozostawił sobie głębokie koleiny.

El trineo se balanceó, tembló y comenzó un movimiento lento e inquieto.

Sanie zakołysały się, zadrżały i zaczęły poruszać się powoli i niespokojnie.

Un pie resbaló y un hombre entre la multitud gimió en voz alta.

Jedna noga się poślizgnęła i jakiś mężczyzna w tłumie jęknął głośno.

Entonces el trineo se lanzó hacia adelante con un movimiento brusco y espasmódico.

Następnie sanie ruszyły do przodu szarpniętym, gwałtownym ruchem.

No se detuvo de nuevo: media pulgada... una pulgada... dos pulgadas más.

Nie zatrzymało się już – jeszcze pół cala, cal, dwa cale.

Los tirones se hicieron más pequeños a medida que el trineo empezó a ganar velocidad.

Szarpnięcia stawały się coraz słabsze, w miarę jak sanie nabierały prędkości.

Pronto Buck estaba tirando con una potencia suave, uniforme y rodante.

Wkrótce Buck ciągnął już płynnie i równomiernie.

Los hombres jadearon y finalmente recordaron respirar de nuevo.

Mężczyźni z trudem łapali oddech i w końcu przypomnieli sobie, że muszą oddychać.

No se habían dado cuenta de que su respiración se había detenido por el asombro.

Nie zauważyli, że ze zdumienia zaparło im dech w piersiach.

Thornton corrió detrás, gritando órdenes breves y alegres.

Thornton pobiegł za nim, wydając krótkie, wesołe polecenia.

Más adelante había una pila de leña que marcaba la distancia.

Przed nami znajdował się stos drewna na opał, który wyznaczał odległość.

A medida que Buck se acercaba a la pila, los vítores se hacían cada vez más fuertes.

W miarę jak Buck zbliżał się do stosu, wiwaty stawały się coraz głośniejsze.

Los aplausos aumentaron hasta convertirse en un rugido cuando Buck pasó el punto final.

Okrzyki radości przerodziły się w ryk, gdy Buck minął punkt końcowy.

Los hombres saltaron y gritaron, incluso Matthewson sonrió.

Mężczyźni podskoczyli i krzyczeli, nawet Matthewson się uśmiechnął.

Los sombreros volaron por el aire y los guantes fueron arrojados sin pensar ni rumbo.

Kapelusze wzbiły się w powietrze, rękawice poleciały bez zastanowienia i celu.

Los hombres se abrazaron y se dieron la mano sin saber a quién.

Mężczyźni chwytali się za ręce i ściskali sobie dłonie, nie wiedząc kto.

Toda la multitud vibró en una celebración salvaje y alegre.

Cały tłum szalał z radości i entuzjazmu.

Thornton cayó de rodillas junto a Buck con manos temblorosas.

Thornton padł na kolana obok Bucka, drżącymi rękami.

Apretó su cabeza contra la de Buck y lo sacudió suavemente hacia adelante y hacia atrás.

Przycisnął głowę do głowy Bucka i delikatnie potrząsnął nim w przód i w tył.

Los que se acercaron le oyeron maldecir al perro con silencioso amor.

Ci, którzy się zbliżyli, usłyszeli, jak przeklinał psa z cichą miłością.

Maldijo a Buck durante un largo rato, suavemente, cálidamente, con emoción.

Przeklinał Bucka przez długi czas — cicho, serdecznie, z emocjami.

—¡Bien, señor! ¡Bien, señor! —gritó el rey del Banco Skookum a toda prisa.

„Dobrze, panie! Dobrze, panie!" krzyknął pośpiesznie król ławy Skookum.

—¡Le daré mil, no, mil doscientos, por ese perro, señor!

„Dam panu tysiąc — nie, tysiąc dwieście — za tego psa, panie!"

Thornton se puso de pie lentamente, con los ojos brillantes de emoción.

Thornton powoli podniósł się, a jego oczy błyszczały emocją.

Las lágrimas corrían abiertamente por sus mejillas sin ninguna vergüenza.

Łzy spływały mu po policzkach bez żadnego wstydu.

"Señor", le dijo al rey del Banco Skookum, firme y firme.

„Panie" – powiedział do króla ławy Skookum, stanowczo i stanowczo

—No, señor. Puede irse al infierno, señor. Esa es mi última respuesta.

„Nie, proszę pana. Może pan iść do diabła, proszę pana. To moja ostateczna odpowiedź".

Buck agarró suavemente la mano de Thornton con sus fuertes mandíbulas.

Buck delikatnie chwycił dłoń Thorntona swoimi silnymi szczękami.

Thornton lo sacudió juguetonamente; su vínculo era más profundo que nunca.

Thornton potrząsnął nim żartobliwie. Ich więź była głęboka jak zawsze.

La multitud, conmovida por el momento, retrocedió en silencio.

Tłum, poruszony chwilą, cofnął się w milczeniu.

Desde entonces nadie se atrevió a interrumpir tan sagrado afecto.

Od tamtej pory nikt nie odważył się przerwać tej świętej miłości.

El sonido de la llamada
Dźwięk wezwania

Buck había ganado mil seiscientos dólares en cinco minutos.
Buck zarobił tysiąc szesnaścieset dolarów w pięć minut.
El dinero permitió a John Thornton pagar algunas de sus deudas.
Dzięki tym pieniądzom John Thornton mógł spłacić część swoich długów.
Con el resto del dinero se dirigió al Este con sus socios.
Za resztę pieniędzy udał się ze swoimi wspólnikami na Wschód.
Buscaban una legendaria mina perdida, tan antigua como el país mismo.
Szukali legendarnej, zaginionej kopalni, tak starej jak sam kraj.
Muchos hombres habían buscado la mina, pero pocos la habían encontrado.
Wielu mężczyzn szukało kopalni, lecz niewielu ją znalazło.
Más de unos pocos hombres habían desaparecido durante la peligrosa búsqueda.
Podczas tej niebezpiecznej wyprawy zniknęło wielu mężczyzn.
Esta mina perdida estaba envuelta en misterio y vieja tragedia.
Ta zaginiona kopalnia była owiana tajemnicą i dawną tragedią.
Nadie sabía quién había sido el primer hombre que encontró la mina.
Nikt nie wiedział, kto pierwszy odkrył kopalnię.
Las historias más antiguas no mencionan a nadie por su nombre.
Najstarsze opowieści nie wymieniają nikogo po imieniu.
Siempre había habido allí una antigua y destartalada cabaña.
Zawsze stała tam stara, rozpadająca się chata.
Los hombres moribundos habían jurado que había una mina al lado de aquella vieja cabaña.

Umierający mężczyźni przysięgali, że obok starej chaty znajdowała się kopalnia.

Probaron sus historias con oro como ningún otro en ningún otro lugar.

Udowodnili swoje opowieści złotem, jakiego nie znaleziono nigdzie indziej.

Ningún alma viviente había jamás saqueado el tesoro de aquel lugar.

Żadna żywa istota nigdy nie ukradła skarbu z tego miejsca.

Los muertos estaban muertos, y los muertos no cuentan historias.

Umarli byli martwi, a umarli nie opowiadają historii.

Entonces Thornton y sus amigos se dirigieron al Este.

Thornton i jego przyjaciele udali się więc na Wschód.

Pete y Hans se unieron, trayendo a Buck y seis perros fuertes.

Dołączyli do nich Pete i Hans, zabierając ze sobą Bucka i sześć silnych psów.

Se embarcaron en un camino desconocido donde otros habían fracasado.

Wyruszyli nieznanym szlakiem, na którym inni zawiedli.

Se deslizaron en trineo setenta millas por el congelado río Yukón.

Zjechali na sankach siedemdziesiąt mil w górę zamarzniętej rzeki Jukon.

Giraron a la izquierda y siguieron el sendero hacia Stewart.

Skręcili w lewo i podążyli szlakiem do Stewart.

Pasaron Mayo y McQuestion y siguieron adelante.

Minęli Mayo i McQuestion i poszli dalej.

El río Stewart se encogió y se convirtió en un arroyo, atravesando picos irregulares.

Rzeka Stewart zamieniła się w strumień, wijący się wśród poszarpanych szczytów.

Estos picos afilados marcaban la columna vertebral del continente.

Te ostre szczyty stanowiły trzon kontynentu.

John Thornton exigía poco a los hombres y a la tierra salvaje.

John Thornton nie wymagał wiele od ludzi i dzikiej przyrody.

No temía a nada de la naturaleza y se enfrentaba a lo salvaje con facilidad.

Nie bał się niczego w przyrodzie i z łatwością stawiał czoła dzikiej przyrodzie.

Con sólo sal y un rifle, podría viajar a donde quisiera.

Mając jedynie sól i karabin, mógł podróżować, dokąd chciał.

Al igual que los nativos, cazaba alimentos mientras viajaba.

Podobnie jak tubylcy, polował w trakcie podróży, aby zdobyć pożywienie.

Si no pescaba nada, seguía adelante, confiando en que la suerte le acompañaría.

Jeżeli nic nie złowił, szedł dalej, licząc na szczęście.

En este largo viaje, la carne era lo principal que comían.

W czasie tej długiej podróży ich głównym pożywieniem było mięso.

El trineo contenía herramientas y municiones, pero no un horario estricto.

Na saniach znajdowały się narzędzia i amunicja, ale nie podano żadnego konkretnego rozkładu jazdy.

A Buck le encantaba este vagabundeo, la caza y la pesca interminables.

Buck uwielbiał te wędrówki, niekończące się polowania i łowienie ryb.

Durante semanas estuvieron viajando día tras día.

Przez tygodnie podróżowali dzień po dniu.

Otras veces montaban campamentos y permanecían allí durante semanas.

Innym razem zakładali obozy i pozostawali w miejscu przez wiele tygodni.

Los perros descansaron mientras los hombres cavaban en la tierra congelada.

Psy odpoczywały, podczas gdy mężczyźni kopali w zamarzniętej ziemi.

Calentaron sartenes sobre el fuego y buscaron oro escondido.

Rozgrzewali patelnie nad ogniem i szukali ukrytego złota.

Algunos días pasaban hambre y otros días tenían fiestas.
Czasem głodowali, a czasem urządzali uczty.
Sus comidas dependían de la presa y de la suerte de la caza.
Ich wyżywienie zależało od upolowanej zwierzyny i szczęścia
podczas polowania.
**Cuando llegaba el verano, los hombres y los perros cargaban
cargas sobre sus espaldas.**
Kiedy nadeszło lato, mężczyźni i psy pakowali ładunki na
plecy.
**Navegaron por lagos azules escondidos en bosques de
montaña.**
Spływali tratwami po błękitnych jeziorach ukrytych w
górskich lasach.
**Navegaban en delgadas embarcaciones por ríos que ningún
hombre había cartografiado jamás.**
Pływali smukłymi łódkami po rzekach, których żaden
człowiek nigdy nie zmapował.
**Esos barcos se construyeron a partir de árboles que cortaban
en la naturaleza.**
Łodzie te budowano z drzew ściętych na wolności.

**Los meses pasaron y ellos serpentearon por tierras salvajes y
desconocidas.**
Miesiące mijały, a oni przemierzali dzikie, nieznane krainy.
**No había hombres allí, aunque había rastros antiguos que
indicaban que había habido hombres.**
Nie było tam żadnych mężczyzn, jednak stare ślady
wskazywały, że byli tam kiedyś.
**Si la Cabaña Perdida fue real, entonces otras personas
habían pasado por allí alguna vez.**
Jeśli Zaginiona Chata istniała naprawdę, to znaczy, że inni też
kiedyś tędy przechodzili.
**Cruzaron pasos altos en medio de tormentas de nieve,
incluso en verano.**
Przemierzali wysokie przełęcze w czasie zamieci, nawet latem.
**Temblaban bajo el sol de medianoche en las laderas
desnudas de las montañas.**

Trzęsli się z zimna pod północnym słońcem na nagich zboczach gór.

Entre la línea de árboles y los campos de nieve, subieron lentamente.

Powoli wspinali się między linią drzew a polami śnieżnymi.

En los valles cálidos, aplastaban nubes de mosquitos y moscas.

W ciepłych dolinach odganiali chmary meszek i much.

Recogieron bayas dulces cerca de los glaciares en plena floración del verano.

Zbierali słodkie jagody w pobliżu lodowców, w pełnym rozkwicie lata.

Las flores que encontraron eran tan hermosas como las de las Tierras del Sur.

Kwiaty, które znaleźli, były równie piękne jak te w Southland.

Ese otoño llegaron a una región solitaria llena de lagos silenciosos.

Jesienią dotarli do odludnego regionu pełnego cichych jezior.

La tierra estaba triste y vacía, una vez llena de pájaros y bestias.

Kraj był smutny i pusty, kiedyś pełen ptaków i zwierząt.

Ahora no había vida, sólo el viento y el hielo formándose en charcos.

Teraz nie było już żadnego życia, tylko wiatr i lód tworzący się w kałużach.

Las olas golpeaban las orillas vacías con un sonido suave y triste.

Fale uderzały o puste brzegi z cichym, żałobnym dźwiękiem.

Llegó otro invierno y volvieron a seguir los viejos y tenues senderos.

Nadeszła kolejna zima i znów podążali starymi, niewyraźnymi szlakami.

Éstos eran los rastros de hombres que habían buscado mucho antes que ellos.

To były ślady ludzi, którzy szukali tu na długo przed nimi.

Un día encontraron un camino que se adentraba profundamente en el bosque oscuro.

Pewnego razu znaleźli ścieżkę prowadzącą głęboko w ciemny las.

Era un sendero antiguo y sintieron que la cabaña perdida estaba cerca.

To był stary szlak i czuli, że zaginiona chata jest blisko.

Pero el sendero no conducía a ninguna parte y se perdía en el espeso bosque.

Ale trop nie prowadził donikąd i nikł w gęstym lesie.

Nadie sabe quién hizo el sendero ni por qué lo hizo.

Nikt nie wiedział, kto stworzył ten szlak i w jakim celu.

Más tarde encontraron los restos de una cabaña escondidos entre los árboles.

Później odnaleźli wrak domku letniskowego ukryty wśród drzew.

Mantas podridas yacían esparcidas donde alguna vez alguien había dormido.

Gnijące koce leżały porozrzucane w miejscu, w którym ktoś kiedyś spał.

John Thornton encontró una pistola de chispa de cañón largo enterrada en el interior.

John Thornton znalazł wewnątrz zakopany pistolet skałkowy o długiej lufie.

Sabía que se trataba de un cañón de la Bahía de Hudson desde los primeros días de su comercialización.

Wiedział, że to broń z Zatoki Hudsona, już od początków handlu.

En aquella época, estas armas se intercambiaban por montones de pieles de castor.

W tamtych czasach taką broń wymieniano na stosy skór bobrowych.

Eso fue todo: no quedó ninguna pista del hombre que construyó el albergue.

To było wszystko — nie pozostał żaden ślad po człowieku, który zbudował ten ośrodek.

Llegó nuevamente la primavera y no encontraron ninguna señal de la Cabaña Perdida.

Wiosna nadeszła ponownie, a oni nie znaleźli żadnego śladu Zaginionej Chaty.

En lugar de eso encontraron un valle amplio con un arroyo poco profundo.

Zamiast tego znaleźli szeroką dolinę z płytkim strumieniem.

El oro se extendía sobre el fondo de las sartenes como mantequilla suave y amarilla.

Złoto rozłożyło się na dnie patelni niczym gładkie, żółte masło.

Se detuvieron allí y no buscaron más la cabaña.

Zatrzymali się tam i nie szukali już dalej chaty.

Cada día trabajaban y encontraban miles en polvo de oro.

Każdego dnia pracowali i znajdowali tysiące złotych monet w pyle.

Empaquetaron el oro en bolsas de piel de alce, de cincuenta libras cada una.

Zapakowali złoto do worków ze skóry łosia, każdy po pięćdziesiąt funtów.

Las bolsas estaban apiladas como leña afuera de su pequeña cabaña.

Torby ułożono w stosy niczym drewno na opał przed ich małym domkiem.

Trabajaron como gigantes y los días pasaban como sueños rápidos.

Pracowali jak giganci, a dni mijały jak szybkie sny.

Acumularon tesoros a medida que los días interminables transcurrían rápidamente.

Gromadzili skarby, a dni mijały szybko i bez końca.

Los perros no tenían mucho que hacer excepto transportar carne de vez en cuando.

Psy nie miały praktycznie nic do roboty, poza od czasu do czasu dźwiganiem mięsa.

Thornton cazó y mató el animal, y Buck se quedó tendido junto al fuego.

Thornton upolował i zabił zwierzynę, a Buck położył się przy ogniu.

Pasó largas horas en silencio, perdido en sus pensamientos y recuerdos.

Spędzał długie godziny w milczeniu, pogrążony w myślach i wspomnieniach.

La imagen del hombre peludo venía cada vez más a la mente de Buck.

Obraz kudłatego mężczyzny coraz częściej pojawiał się w umyśle Bucka.

Ahora que el trabajo escaseaba, Buck soñaba mientras parpadeaba ante el fuego.

Teraz, gdy pracy było coraz mniej, Buck, mrugając oczami, oddawał się marzeniom.

En esos sueños, Buck vagaba con el hombre en otro mundo.

W tych snach Buck wędrował z mężczyzną po innym świecie.

El miedo parecía el sentimiento más fuerte en ese mundo distante.

Strach zdawał się być najsilniejszym uczuciem w tym odległym świecie.

Buck vio al hombre peludo dormir con la cabeza gacha.

Buck zobaczył, że kudłaty mężczyzna śpi z nisko pochyloną głową.

Tenía las manos entrelazadas y su sueño era inquieto y entrecortado.

Miał splecione ręce, a sen był niespokojny i przerywany.

Solía despertarse sobresaltado y mirar con miedo hacia la oscuridad.

Zwykle budził się nagle i z przestrachem wpatrywał się w ciemność.

Luego echaba más leña al fuego para mantener la llama brillante.

Następnie dorzucał drewna do ognia, żeby podtrzymać płomień.

A veces caminaban por una playa junto a un mar gris e interminable.

Czasami spacerowali po plaży wzdłuż szarego, bezkresnego morza.

El hombre peludo recogía mariscos y los comía mientras caminaba.

Włochaty mężczyzna zbierał skorupiaki i jadł je po drodze.

Sus ojos buscaban siempre peligros ocultos en las sombras.

Jego oczy zawsze wypatrywały ukrytych w cieniu niebezpieczeństw.

Sus piernas siempre estaban listas para correr ante la primera señal de amenaza.

Jego nogi były zawsze gotowe do sprintu przy pierwszym sygnale zagrożenia.

Se arrastraron por el bosque, silenciosos y cautelosos, uno al lado del otro.

Przekradali się przez las, cicho i ostrożnie, ramię w ramię.

Buck lo siguió de cerca y ambos se mantuvieron alerta.

Buck podążał za nim i obaj pozostali czujni.

Sus orejas se movían y temblaban, sus narices olfateaban el aire.

Ich uszy drgały i poruszały się, ich nosy węszyły powietrze.

El hombre podía oír y oler el bosque tan agudamente como Buck.

Mężczyzna słyszał i czuł zapach lasu tak samo wyraźnie jak Buck.

El hombre peludo se balanceó entre los árboles con una velocidad repentina.

Włochaty mężczyzna z nagłą prędkością przemknął między drzewami.

Saltaba de rama en rama sin perder nunca su agarre.

Skakał z gałęzi na gałąź, ani razu nie puszczając chwytu.

Se movió tan rápido sobre el suelo como sobre él.

Poruszał się nad ziemią równie szybko, jak na niej.

Buck recordó las largas noches bajo los árboles, haciendo guardia.

Buck wspominał długie noce spędzone pod drzewami i czuwanie.

El hombre dormía recostado en las ramas, aferrado fuertemente.

Mężczyzna spał w gałęziach, kurczowo się ich trzymając.

Esta visión del hombre peludo estaba estrechamente ligada al llamado profundo.

Wizja owłosionego mężczyzny była ściśle związana z głębokim nawoływaniem.

El llamado aún resonaba en el bosque con una fuerza inquietante.

Głos wciąż rozbrzmiewał w lesie z niepokojącą siłą.

La llamada llenó a Buck de anhelo y una inquieta sensación de alegría.

Rozmowa ta napełniła Bucka tęsknotą i niespokojnym poczuciem radości.

Sintió impulsos y agitaciones extrañas que no podía nombrar.

Poczuł dziwne impulsy i poruszenia, których nie potrafił nazwać.

A veces seguía la llamada hasta lo profundo del tranquilo bosque.

Czasami podążał za wołaniem głęboko w cichy las.

Buscó el llamado, ladrando suave o agudamente mientras caminaba.

Szukał wołania, szczekając cicho lub ostro.

Olfateó el musgo y la tierra negra donde crecían las hierbas.

Wąchał mech i czarną glebę, gdzie rosła trawa.

Resopló de alegría ante los ricos olores de la tierra profunda.

Zachichotał z zachwytu, czując bogate zapachy głębokiej ziemi.

Se agazapó durante horas detrás de troncos cubiertos de hongos.

Godzinami przesiadywał w kucki za pniami pokrytymi grzybem.

Se quedó quieto, escuchando con los ojos muy abiertos cada pequeño sonido.

Pozostał nieruchomo, szeroko otwartymi oczami nasłuchując każdego, najmniejszego dźwięku.

Quizás esperaba sorprender al objeto que le había hecho el llamado.

Mógł mieć nadzieję, że zaskoczy istotę, która zadzwoniła.

Él no sabía por qué actuaba así: simplemente lo hacía.

Nie wiedział, dlaczego tak się zachował – po prostu tak zrobił.

Los impulsos venían desde lo más profundo, más allá del pensamiento o la razón.

Impulsy te pochodziły z głębi, wykraczały poza myśl i rozum.

Impulsos irresistibles se apoderaron de Buck sin previo aviso ni razón.

Nieodparte pragnienia opanowały Bucka bez ostrzeżenia i bez powodu.

A veces dormitaba perezosamente en el campamento bajo el calor del mediodía.

Czasami drzemał leniwie w obozie, w południowym upale.

De repente, su cabeza se levantó y sus orejas se levantaron en alerta.

Nagle podniósł głowę i nastawił uszy.

Entonces se levantó de un salto y se lanzó hacia lo salvaje sin detenerse.

Po czym zerwał się na nogi i bez zatrzymywania pobiegł w dzicz.

Corrió durante horas por senderos forestales y espacios abiertos.

Biegał godzinami po leśnych ścieżkach i otwartych przestrzeniach.

Le encantaba seguir los lechos de los arroyos secos y espiar a los pájaros en los árboles.

Uwielbiał podążać za wyschniętymi korytami rzek i podglądać ptaki na drzewach.

Podría permanecer escondido todo el día, mirando a las perdices pavonearse.

Mógł cały dzień leżeć w ukryciu i obserwować przechadzające się dookoła kuropatwy.

Ellos tamborilearon y marcharon, sin percatarse de la presencia todavía de Buck.

Bębnili i maszerowali, nieświadomi ciągłej obecności Bucka.

Pero lo que más le gustaba era correr al atardecer en verano.
Ale najbardziej lubił biegać o zmierzchu, latem.
La tenue luz y los sonidos soñolientos del bosque lo llenaron de alegría.
Słabe światło i odgłosy sennego lasu napełniły go radością.
Leyó las señales del bosque tan claramente como un hombre lee un libro.
Odczytywał znaki leśne tak wyraźnie, jak człowiek czyta książkę.
Y siempre buscaba aquella cosa extraña que lo llamaba.
I zawsze szukał tej dziwnej rzeczy, która go wzywała.
Ese llamado nunca se detuvo: lo alcanzaba despierto o dormido.
To powołanie nigdy nie ustało – docierało do niego, czy spał, czy czuwał.

Una noche, se despertó sobresaltado, con los ojos alerta y las orejas alerta.
Pewnej nocy obudził się gwałtownie, z wyostrzonym wzrokiem i nastawionymi uszami.
Sus fosas nasales se crisparon mientras su melena se erizaba en ondas.
Jego nozdrza drgały, a grzywa sterczała falami.
Desde lo profundo del bosque volvió a oírse el sonido, el viejo llamado.
Z głębi lasu znów dobiegł dźwięk – stare wołanie.
Esta vez el sonido sonó claro, un aullido largo, inquietante y familiar.
Tym razem dźwięk zabrzmiał wyraźnie - długie, przejmujące, znajome wycie.
Era como el grito de un husky, pero extraño y salvaje en tono.
Brzmiało to jak krzyk husky'ego, ale dziwnie i dziko.
Buck reconoció el sonido al instante: había oído exactamente el mismo sonido hacía mucho tiempo.
Buck rozpoznał ten dźwięk od razu – słyszał go już dawno temu.

Saltó a través del campamento y desapareció rápidamente en el bosque.

Przeskoczył obóz i szybko zniknął w lesie.

A medida que se acercaba al sonido, disminuyó la velocidad y se movió con cuidado.

Zbliżając się do źródła dźwięku, zwolnił i zaczął poruszać się ostrożnie.

Pronto llegó a un claro entre espesos pinos.

Wkrótce dotarł do polany między gęstymi sosnami.

Allí, erguido sobre sus cuartos traseros, estaba sentado un lobo de bosque alto y delgado.

Tam, wyprostowany na zadzie, siedział wysoki, chudy wilk leśny.

La nariz del lobo apuntaba hacia el cielo, todavía haciendo eco del llamado.

Nos wilka skierowany był ku niebu, wciąż powtarzając wołanie.

Buck no había emitido ningún sonido, pero el lobo se detuvo y escuchó.

Buck nie wydał żadnego dźwięku, jednak wilk zatrzymał się i nasłuchiwał.

Sintiendo algo, el lobo se tensó y buscó en la oscuridad.

Wyczuwając coś, wilk napiął się i zaczął przeszukiwać ciemność.

Buck apareció sigilosamente, con el cuerpo agachado y los pies quietos sobre el suelo.

Buck pojawił się w zasięgu wzroku, pochylony nisko i cicho stawiając stopy na ziemi.

Su cola estaba recta y su cuerpo enroscado por la tensión.

Jego ogon był prosty, a ciało ciasno napięte.

Mostró al mismo tiempo una amenaza y una especie de amistad ruda.

Wykazywał zarówno groźbę, jak i rodzaj szorstkiej przyjaźni.

Fue el saludo cauteloso que compartían las bestias salvajes.

Było to ostrożne powitanie, jakim witały się dzikie zwierzęta.

Pero el lobo se dio la vuelta y huyó tan pronto como vio a Buck.

Ale wilk odwrócił się i uciekł, gdy tylko zobaczył Bucka.

Buck lo persiguió, saltando salvajemente, ansioso por alcanzarlo.

Buck rzucił się w pogoń, skacząc jak szalony, chcąc ją dogonić.

Siguió al lobo hasta un arroyo seco bloqueado por un atasco de madera.

Poszedł za wilkiem do wyschniętego strumienia zablokowanego zatorem drzewnym.

Acorralado, el lobo giró y se mantuvo firme.

Przyparty do muru wilk odwrócił się i stanął na swoim miejscu.

El lobo gruñó y mordió a su presa como un perro husky atrapado en una pelea.

Wilk warczał i kłapał zębami jak schwytany w pułapkę pies husky w walce.

Los dientes del lobo chasquearon rápidamente y su cuerpo se erizó de furia salvaje.

Zęby wilka szczękały szybko, jego ciało aż kipiało dziką furią.

Buck no atacó, sino que rodeó al lobo con cautelosa amabilidad.

Buck nie zaatakował, lecz okrążył wilka z ostrożną i przyjazną miną.

Intentó bloquear su escape con movimientos lentos e inofensivos.

Próbował zablokować mu ucieczkę powolnymi, niegroźnymi ruchami.

El lobo estaba cauteloso y asustado: Buck pesaba tres veces más que él.

Wilk był ostrożny i przestraszony — Buck przewyższał go wagą trzykrotnie.

La cabeza del lobo apenas llegaba hasta el enorme hombro de Buck.

Głowa wilka ledwo sięgała potężnego ramienia Bucka.

Al acecho de un hueco, el lobo salió disparado y la persecución comenzó de nuevo.

Wypatrując luki, wilk rzucił się do ucieczki, a pościg rozpoczął się na nowo.

Varias veces Buck lo acorraló y el baile se repitió.

Buck kilkakrotnie go osaczył, a taniec się powtórzył.

El lobo estaba delgado y débil, de lo contrario Buck no podría haberlo atrapado.

Wilk był chudy i słaby, w przeciwnym razie Buck nie mógłby go złapać.

Cada vez que Buck se acercaba, el lobo giraba y lo enfrentaba con miedo.

Za każdym razem, gdy Buck się zbliżał, wilk odwracał się i ze strachem stawał mu naprzeciw.

Luego, a la primera oportunidad, se lanzó de nuevo al bosque.

Następnie, przy pierwszej nadarzającej się okazji, pobiegł ponownie do lasu.

Pero Buck no se dio por vencido y finalmente el lobo comenzó a confiar en él.

Jednak Buck się nie poddał i wilk w końcu zaczął mu ufać.

Olió la nariz de Buck y los dos se pusieron juguetones y alertas.

Powąchał nos Bucka, a obaj stali się chętni do zabawy i czujni.

Jugaban como animales salvajes, feroces pero tímidos en su alegría.

Bawili się jak dzikie zwierzęta, dzicy, ale nieśmiali w swojej radości.

Después de un rato, el lobo se alejó trotando con calma y propósito.

Po chwili wilk spokojnie i zdecydowanie oddalił się.

Le demostró claramente a Buck que tenía la intención de que lo siguieran.

Wyraźnie pokazał Buckowi, że chce, aby go śledzono.

Corrieron uno al lado del otro a través de la penumbra del crepúsculo.

Biegli obok siebie w mrocznym półmroku.

Siguieron el lecho del arroyo hasta el desfiladero rocoso.

Podążali korytem potoku w górę skalistego wąwozu.

Cruzaron una divisoria fría donde había comenzado el arroyo.

Przekroczyli zimny rozdział wody, gdzie swój początek miał potok.

En la ladera más alejada encontraron un extenso bosque y numerosos arroyos.

Na przeciwległym zboczu zobaczyli rozległy las i wiele strumieni.

Por esta vasta tierra corrieron durante horas sin parar.

Przemierzali ten rozległy teren godzinami bez zatrzymywania się.

El sol salió más alto, el aire se calentó, pero ellos siguieron corriendo.

Słońce wznosiło się coraz wyżej, powietrze robiło się cieplejsze, ale oni biegli dalej.

Buck estaba lleno de alegría: sabía que estaba respondiendo a su llamado.

Bucka przepełniła radość — wiedział, że odpowiada na swoje powołanie.

Corrió junto a su hermano del bosque, más cerca de la fuente del llamado.

Pobiegł obok swego leśnego brata, bliżej źródła wołania.

Los viejos sentimientos regresaron, poderosos y difíciles de ignorar.

Powróciły stare uczucia, silne i trudne do zignorowania.

Éstas eran las verdades detrás de los recuerdos de sus sueños.

Takie właśnie prawdy kryły się za wspomnieniami z jego snów.

Todo esto ya lo había hecho antes, en un mundo distante y sombrío.

Wszystko to robił już wcześniej, w odległym i mrocznym świecie.

Ahora lo hizo de nuevo, corriendo salvajemente con el cielo abierto encima.

Teraz zrobił to znowu, biegając dziko, mając nad sobą otwarte niebo.

Se detuvieron en un arroyo para beber del agua fría que fluía.

Zatrzymali się przy strumieniu, aby napić się zimnej wody.

Mientras bebía, Buck de repente recordó a John Thornton.

Pijąc, Buck nagle przypomniał sobie Johna Thorntona.

Se sentó en silencio, desgarrado por la atracción de la lealtad y el llamado.

Usiadł w milczeniu, rozdarty pragnieniem lojalności i powołania.

El lobo siguió trotando, pero regresó para impulsar a Buck a seguir adelante.

Wilk pobiegł dalej, ale wrócił i zmusił Bucka, by ruszył naprzód.

Le olisqueó la nariz y trató de convencerlo con gestos suaves.

Wciągnął nosem powietrze i próbował go nakłonić delikatnymi gestami.

Pero Buck se dio la vuelta y comenzó a regresar por donde había venido.

Jednak Buck zawrócił i ruszył z powrotem tą samą drogą.

El lobo corrió a su lado durante un largo rato, gimiendo silenciosamente.

Wilk biegł obok niego przez długi czas, cicho wyjąc.

Luego se sentó, levantó la nariz y dejó escapar un largo aullido.

Następnie usiadł, podniósł nos i wydał przeciągły wycie.

Fue un grito triste, que se suavizó cuando Buck se alejó.

Był to żałosny krzyk, który stawał się coraz cichszy, gdy Buck odchodził.

Buck escuchó mientras el sonido del grito se desvanecía lentamente en el silencio del bosque.

Buck słuchał, jak dźwięk krzyku powoli cichł w leśnej ciszy.

John Thornton estaba cenando cuando Buck irrumpió en el campamento.

John Thornton jadł kolację, gdy Buck wpadł do obozu.

Buck saltó sobre él salvajemente, lamiéndolo, mordiéndolo y haciéndolo caer.

Buck rzucił się na niego jak szalony, liżąc, gryząc i przewracając go.

Lo derribó, se subió encima y le besó la cara.

Przewrócił go, wdrapał się na niego i pocałował go w twarz.

Thornton lo llamó con cariño "hacer el tonto en general".

Thornton z sympatią nazywał to „bawieniem się w ogólnego błazna".

Mientras tanto, maldijo a Buck suavemente y lo sacudió de un lado a otro.

Przez cały czas delikatnie przeklinał Bucka i potrząsał nim w przód i w tył.

Durante dos días y dos noches enteras, Buck no abandonó el campamento ni una sola vez.

Przez całe dwa dni i noce Buck ani razu nie opuścił obozu.

Se mantuvo cerca de Thornton y nunca lo perdió de vista.

Trzymał się blisko Thorntona i nie spuszczał go z oczu.

Lo siguió mientras trabajaba y lo observó mientras comía.

Podążał za nim, gdy pracował i obserwował go, gdy jadł.

Acompañaba a Thornton con sus mantas por la noche y lo salía cada mañana.

Widział Thorntona zakrywającego się kocem wieczorem i każdego ranka wychodzącego.

Pero pronto el llamado del bosque regresó, más fuerte que nunca.

Ale wkrótce leśny zew powrócił, głośniejszy niż kiedykolwiek wcześniej.

Buck volvió a inquietarse, agitado por los pensamientos del lobo salvaje.

Buck znów zaczął się niepokoić, rozbudzony myślami o dzikim wilku.

Recordó el terreno abierto y correr uno al lado del otro.

Przypomniał sobie otwartą przestrzeń i bieganie ramię w ramię.

Comenzó a vagar por el bosque una vez más, solo y alerta.

Ponownie ruszył w głąb lasu, samotny i czujny.

Pero el hermano salvaje no regresó y el aullido no se escuchó.

Ale dziki brat nie powracał i wycia nie było słychać.

Buck comenzó a dormir a la intemperie, manteniéndose alejado durante días.

Buck zaczął spać na zewnątrz i czasami nie wychodził na kilka dni.

Una vez cruzó la alta divisoria donde había comenzado el arroyo.

Pewnego razu przekroczył wysoki przełom, gdzie swój początek miał strumień.

Entró en la tierra de la madera oscura y de los arroyos anchos y fluidos.

Wkroczył do krainy ciemnych lasów i szeroko płynących strumieni.

Durante una semana vagó en busca de señales del hermano salvaje.

Przez tydzień wędrował w poszukiwaniu śladów dzikiego brata.

Mataba su propia carne y viajaba con pasos largos e incansables.

Zabijał własne mięso i podróżował długimi, niestrudzonymi krokami.

Pescaba salmón en un ancho río que llegaba al mar.

Łowił łososie w szerokiej rzece, która wpadała do morza.

Allí luchó y mató a un oso negro enloquecido por los insectos.

Tam stoczył walkę i zabił czarnego niedźwiedzia, który był rozwścieczony insektami.

El oso estaba pescando y corrió ciegamente entre los árboles.

Niedźwiedź łowił ryby i biegał na oślep między drzewami.

La batalla fue feroz y despertó el profundo espíritu de lucha de Buck.

Bitwa była zacięta i obudziła w Bucku głębokiego ducha walki.

Dos días después, Buck regresó y encontró glotones en su presa.

Dwa dni później Buck wrócił i zastał w miejscu swojej zdobyczy rosomaki.

Una docena de ellos se pelearon con furia y ruidosidad por la carne.

Kilkunastu z nich kłóciło się wściekle o mięso.

Buck cargó y los dispersó como hojas en el viento.
Buck rzucił się do ataku i rozrzucił je niczym liście na wietrze.
Dos lobos permanecieron atrás, silenciosos, sin vida e inmóviles para siempre.
Dwa wilki pozostały – ciche, bez życia i nieruchome na zawsze.
La sed de sangre se hizo más fuerte que nunca.
Pragnienie krwi było silniejsze niż kiedykolwiek.
Buck era un cazador, un asesino, que se alimentaba de criaturas vivas.
Buck był myśliwym i zabójcą, żywiącym się żywymi stworzeniami.
Sobrevivió solo, confiando en su fuerza y sus sentidos agudos.
Przeżył sam, polegając na swojej sile i wyostrzonych zmysłach.
Prosperó en la naturaleza, donde sólo los más resistentes podían vivir.
Dobrze czuł się na wolności, gdzie mogli przeżyć tylko najtwardsi.
A partir de esto, un gran orgullo surgió y llenó todo el ser de Buck.
Z tego powodu wielka duma napełniła całą istotę Bucka.
Su orgullo se reflejaba en cada uno de sus pasos, en el movimiento de cada músculo.
Jego duma była widoczna na każdym kroku, w ruchu każdego mięśnia.
Su orgullo era tan claro como sus palabras, y se reflejaba en su manera de comportarse.
Jego duma była tak wyraźna jak mowa, o czym można było się przekonać w sposobie, w jaki się zachowywał.
Incluso su grueso pelaje parecía más majestuoso y brillaba más.
Nawet jego grube futro wyglądało bardziej majestatycznie i lśniło jaśniej.
Buck podría haber sido confundido con un lobo gigante.
Bucka można było pomylić z olbrzymim wilkiem leśnym.

A excepción del color marrón en el hocico y las manchas sobre los ojos.

Z wyjątkiem brązu na pysku i plamek nad oczami.

Y la raya blanca de pelo que corría por el centro de su pecho.

I biały pas futra biegnący przez środek klatki piersiowej.

Era incluso más grande que el lobo más grande de esa feroz raza.

Był większy nawet od największego wilka tej groźnej rasy.

Su padre, un San Bernardo, le dio tamaño y complexión robusta.

Jego ojciec, bernardyna, obdarzył go wzrostem i masywną budową ciała.

Su madre, una pastora, moldeó esa masa hasta darle forma de lobo.

Jego matka, pasterka, nadała tej bryle kształt przypominający wilka.

Tenía el hocico largo de un lobo, aunque más pesado y ancho.

Miał długi pysk wilka, chociaż był cięższy i szerszy.

Su cabeza era la de un lobo, pero construida en una escala enorme y majestuosa.

Jego głowa była wilcza, ale zbudowana na ogromną, majestatyczną skalę.

La astucia de Buck era la astucia del lobo y de la naturaleza.

Przebiegłość Bucka była przebiegłością wilka i dziczy.

Su inteligencia provenía tanto del pastor alemán como del san bernardo.

Jego inteligencja pochodziła zarówno od owczarka niemieckiego, jak i bernardyna.

Todo esto, más la dura experiencia, lo convirtieron en una criatura temible.

Wszystko to, w połączeniu z trudnymi doświadczeniami, uczyniło z niego przerażającą istotę.

Era tan formidable como cualquier bestia que vagaba por las tierras salvajes del norte.

Był równie groźny jak każde zwierzę zamieszkujące północne pustkowia.

Viviendo sólo de carne, Buck alcanzó el máximo nivel de su fuerza.

Żyjąc wyłącznie na mięsie, Buck osiągnął szczyt swoich sił.

Rebosaba poder y fuerza masculina en cada fibra de él.

Każda cząstka jego ciała emanowała mocą i męską siłą.

Cuando Thornton le acarició la espalda, sus pelos brillaron con energía.

Kiedy Thornton pogłaskał go po plecach, włoski na jego plecach zaiskrzyły energią.

Cada cabello crujió, cargado con el toque de un magnetismo vivo.

Każdy włos trzeszczał, naładowany dotykiem żywego magnetyzmu.

Su cuerpo y su cerebro estaban afinados al máximo nivel posible.

Jego ciało i mózg były dostrojone do jak najlepszego słyszenia.

Cada nervio, fibra y músculo trabajaba en perfecta armonía.

Każdy nerw, włókno i mięsień pracował w idealnej harmonii.

Ante cualquier sonido o visión que requiriera acción, él respondía instantáneamente.

Na każdy dźwięk lub widok, który wymagał działania, reagował natychmiast.

Si un husky saltaba para atacar, Buck podía saltar el doble de rápido.

Gdyby husky rzucił się do ataku, Buck mógłby skoczyć dwa razy szybciej.

Reaccionó más rápido de lo que los demás pudieron verlo o escuchar.

Zareagował szybciej, niż ktokolwiek mógł zobaczyć lub usłyszeć.

La percepción, la decisión y la acción se produjeron en un momento fluido.

Spostrzeżenie, decyzja i działanie nastąpiły w jednym, płynnym momencie.

En realidad, estos actos fueron separados, pero demasiado rápidos para notarlos.

W rzeczywistości te akty były odrębne, ale nastąpiły zbyt szybko, by je zauważyć.

Los intervalos entre estos actos fueron tan breves que parecían uno solo.

Przerwy między tymi aktami były tak krótkie, że zdawały się stanowić jeden akt.

Sus músculos y su ser eran como resortes fuertemente enrollados.

Jego mięśnie i istota przypominały mocno napięte sprężyny.

Su cuerpo rebosaba de vida, salvaje y alegre en su poder.

Jego ciało było pełne życia, dzikie i radosne w swojej sile.

A veces sentía como si la fuerza fuera a estallar fuera de él por completo.

Czasami miał wrażenie, że cała moc zaraz z niego wyparuje.

"Nunca vi un perro así", dijo Thornton un día tranquilo.

„Nigdy nie było takiego psa" – powiedział Thornton pewnego spokojnego dnia.

Los socios observaron a Buck alejarse orgullosamente del campamento.

Partnerzy obserwowali, jak Buck dumnie wychodzi z obozowiska.

"Cuando lo crearon, cambió lo que un perro puede ser", dijo Pete.

„Kiedy powstał, zmienił sposób, w jaki może wyglądać pies" – powiedział Pete.

—¡Por Dios! Yo también lo creo —respondió Hans rápidamente.

„Na Jezusa! Ja też tak myślę" – Hans szybko się zgodził.

Lo vieron marcharse, pero no el cambio que vino después.

Widzieli, jak odmaszerował, ale nie widzieli zmiany, która nastąpiła później.

Tan pronto como entró en el bosque, Buck se transformó por completo.

Gdy tylko wszedł do lasu, Buck zmienił się diametralnie.

Ya no marchaba, sino que se movía como un fantasma salvaje entre los árboles.

Już nie maszerował, lecz poruszał się jak dziki duch wśród drzew.

Se quedó en silencio, con pasos de gato, un destello que pasaba entre las sombras.

Stał się cichy, poruszał się jak kot, niczym migotanie przechodzące przez cienie.

Utilizó la cubierta con habilidad, arrastrándose sobre su vientre como una serpiente.

Zręcznie korzystał z osłony, czołgając się na brzuchu niczym wąż.

Y como una serpiente, podía saltar hacia adelante y atacar en silencio.

I niczym wąż potrafił skoczyć do przodu i uderzyć w ciszy.

Podría robar una perdiz nival directamente de su nido escondido.

Potrafił ukraść pardwę prosto z jej ukrytego gniazda.

Mató conejos dormidos sin hacer un solo sonido.

Zabijał śpiące króliki, nie wydając ani jednego dźwięku.

Podía atrapar ardillas en el aire cuando huían demasiado lentamente.

Potrafił łapać wiewiórki w locie, gdy uciekały zbyt wolno.

Ni siquiera los peces en los estanques podían escapar de sus ataques repentinos.

Nawet ryby w stawach nie mogły uniknąć jego nagłych uderzeń.

Ni siquiera los castores más inteligentes que arreglaban presas estaban a salvo de él.

Nawet sprytne bobry naprawiające tamy nie były przed nim bezpieczne.

Él mataba por comida, no por diversión, pero prefería matar a sus propias víctimas.

Zabijał dla pożywienia, nie dla zabawy – ale najbardziej lubił zabijać własne ofiary.

Aun así, un humor astuto impregnaba algunas de sus cacerías silenciosas.

Jednakże w niektórych jego cichych polowaniach wyczuwało się chytry humor.

Se acercó sigilosamente a las ardillas, pero las dejó escapar.

Podkradł się blisko wiewiórek, ale pozwolił im uciec.

Iban a huir hacia los árboles, parloteando con terrible indignación.

Zamierzali uciec w stronę drzew, szczebiocząc ze strachu i wściekłości.

A medida que llegaba el otoño, los alces comenzaron a aparecer en mayor número.

Jesienią łosie zaczęły pojawiać się w większej liczbie.

Avanzaron lentamente hacia los valles bajos para encontrarse con el invierno.

Powoli przesuwali się w głąb dolin, by spotkać zimę.

Buck ya había derribado a un ternero joven y perdido.

Buck upolował już jedno młode, zagubione cielę.

Pero anhelaba enfrentarse a presas más grandes y peligrosas.

Ale pragnął stawić czoła większej i bardziej niebezpiecznej zdobyczy.

Un día, en la divisoria, a la altura del nacimiento del arroyo, encontró su oportunidad.

Pewnego dnia, na przełomie rzeki, u źródła potoku, znalazł swoją szansę.

Una manada de veinte alces había cruzado desde tierras boscosas.

Stado dwudziestu łosi przeszło z terenów leśnych.

Entre ellos había un poderoso toro; el líder del grupo.

Wśród nich był potężny byk, przywódca grupy.

El toro medía más de seis pies de alto y parecía feroz y salvaje.

Byk miał ponad sześć stóp wysokości i wyglądał groźnie i dziko.

Lanzó sus anchas astas, con catorce puntas ramificándose hacia afuera.

Rozłożył szerokie poroże, z którego czternaście ramion rozgałęziało się na zewnątrz.

Las puntas de esas astas se extendían siete pies de ancho.

Końce tych poroży miały siedem stóp szerokości.

Sus pequeños ojos ardieron de rabia cuando vio a Buck cerca.

Jego małe oczy zapłonęły gniewem, gdy dostrzegł w pobliżu Bucka.

Soltó un rugido furioso, temblando de furia y dolor.

Wydał z siebie wściekły ryk, trzęsąc się z wściekłości i bólu.

Una punta de flecha sobresalía cerca de su flanco, emplumada y afilada.

Koniec strzały wystawał z jego boku, pierzasty i ostry.

Esta herida ayudó a explicar su humor salvaje y amargado.

Ta rana pomogła wyjaśnić jego dziki, gorzki nastrój.

Buck, guiado por su antiguo instinto de caza, hizo su movimiento.

Buck, kierowany starożytnym instynktem łowieckim, ruszył do akcji.

Su objetivo era separar al toro del resto de la manada.

Jego celem było oddzielenie byka od reszty stada.

No fue una tarea fácil: requirió velocidad y una astucia feroz.

Nie było to łatwe zadanie — wymagało szybkości i ogromnej przebiegłości.

Ladró y bailó cerca del toro, fuera de su alcance.

Szczekał i tańczył w pobliżu byka, tuż poza jego zasięgiem.

El alce atacó con enormes pezuñas y astas mortales.

Łoś rzucił się naprzód, mając ogromne kopyta i śmiercionośne porożem.

Un golpe podría haber acabado con la vida de Buck en un instante.

Jeden cios mógł w mgnieniu oka zakończyć życie Bucka.

Incapaz de dejar atrás la amenaza, el toro se volvió loco.

Byk wpadł w szał, ponieważ nie mógł pozbyć się zagrożenia.

Él cargó con furia, pero Buck siempre se le escapaba.

Rzucił się do ataku z wściekłością, ale Buck zawsze uciekał.

Buck fingió debilidad, lo que lo alejó aún más de la manada.

Buck udawał słabość, odciągając go coraz dalej od stada.

Pero los toros jóvenes estaban a punto de atacar para proteger al líder.

Jednak młode byki zamierzały zaszarżować, by chronić przywódcę.

Obligaron a Buck a retirarse y al toro a reincorporarse al grupo.

Zmusili Bucka do odwrotu, a byka do ponownego dołączenia do grupy.

Hay una paciencia en lo salvaje, profunda e imparable.

W dziczy kryje się cierpliwość, głęboka i niepowstrzymana.

Una araña espera inmóvil en su red durante incontables horas.

Pająk czeka nieruchomo w swojej sieci przez niezliczone godziny.

Una serpiente se enrosca sin moverse y espera hasta que llega el momento.

Wąż zwija się bez drgnięcia i czeka, aż nadejdzie jego pora.

Una pantera acecha hasta que llega el momento.

Pantera czyha w zasadzce, aż nadejdzie właściwy moment.

Ésta es la paciencia de los depredadores que cazan para sobrevivir.

Taka jest cierpliwość drapieżników, którzy polują, aby przetrwać.

Esa misma paciencia ardía dentro de Buck mientras se quedaba cerca.

Ta sama cierpliwość płonęła w Bucku, gdy trzymał się blisko.

Se quedó cerca de la manada, frenando su marcha y sembrando el miedo.

Trzymał się blisko stada, spowalniając jego marsz i wzbudzając strach.

Provocaba a los toros jóvenes y acosaba a las vacas madres.

Drażnił młode byki i nękał matki-krowy.

Empujó al toro herido hacia una rabia más profunda e impotente.

Doprowadził rannego byka do jeszcze większej, bezsilnej wściekłości.

Durante medio día, la lucha se prolongó sin descanso alguno.

Walka trwała pół dnia bez chwili wytchnienia.

Buck atacó desde todos los ángulos, rápido y feroz como el viento.

Buck atakował z każdej strony, szybko i gwałtownie jak wiatr.

Impidió que el toro descansara o se escondiera con su manada.

Nie pozwalał bykowi odpoczywać ani ukrywać się ze stadem.

Buck desgastó la voluntad del alce más rápido que su cuerpo.

Buck osłabiał wolę łosia szybciej, niż jego ciało.

El día transcurrió y el sol se hundió en el cielo del noroeste.

Dzień minął, a słońce schowało się nisko na północno-zachodnim niebie.

Los toros jóvenes regresaron más lentamente para ayudar a su líder.

Młode byki wracały wolniej, by pomóc swemu przywódcy.

Las noches de otoño habían regresado y la oscuridad ahora duraba seis horas.

Wróciły noce jesienne, a ciemność trwała teraz sześć godzin.

El invierno los estaba empujando cuesta abajo hacia valles más seguros y cálidos.

Zima zmuszała ich do zejścia w dół, w bezpieczniejsze i cieplejsze doliny.

Pero aún así no pudieron escapar del cazador que los retenía.

Ale nadal nie udało im się uciec przed myśliwym, który ich powstrzymywał.

Sólo una vida estaba en juego: no la de la manada, sino la de su líder.

Stawką było życie tylko jednego człowieka — nie stada, lecz jego przywódcy.

Eso hizo que la amenaza fuera distante y no su preocupación urgente.

To sprawiło, że zagrożenie stało się odległe i nie stanowiło już dla nich pilnego problemu.

Con el tiempo, aceptaron ese coste y dejaron que Buck se llevara al viejo toro.

Z czasem zaakceptowali ten koszt i pozwolili Buckowi wziąć starego byka.

Al caer la tarde, el viejo toro permanecía con la cabeza gacha.

Gdy zapadł zmrok, stary byk stanął z opuszczoną głową.

Observó cómo la manada que había guiado se desvanecía en la luz que se desvanecía.

Patrzył, jak stado, które poprowadził, znika w zanikającym świetle.

Había vacas que había conocido, terneros que una vez había engendrado.

Były tam krowy, które znał, i cielęta, które kiedyś był ojcem.

Había toros más jóvenes con los que había luchado y gobernado en temporadas pasadas.

W poprzednich sezonach walczył i dowodził młodszymi bykami.

No pudo seguirlos, pues frente a él estaba agazapado nuevamente Buck.

Nie mógł pójść za nimi, bo przed nim znów przycupnął Buck.

El terror despiadado con colmillos bloqueó cualquier camino que pudiera tomar.

Bezlitosny terror o zębach blokował każdą ścieżkę, którą mógł podążać.

El toro pesaba más de trescientos kilos de densa potencia.

Byk ważył ponad trzysta funtów gęstej mocy.

Había vivido mucho tiempo y luchado con ahínco en un mundo de luchas.

Żył długo i walczył dzielnie w świecie zmagań.

Pero ahora, al final, la muerte vino de una bestia muy inferior a él.

Jednak teraz, u kresu jego dni, śmierć przyszła od bestii żyjącej daleko pod nim.

La cabeza de Buck ni siquiera llegó a alcanzar las enormes rodillas del toro.

Głowa Bucka nawet nie dotknęła potężnych kolan byka.

A partir de ese momento, Buck permaneció con el toro noche y día.

Od tego momentu Buck towarzyszył bykowi dzień i noc.

Nunca le dio descanso, nunca le permitió pastar ni beber.

Nigdy nie dawał mu odpoczynku, nie pozwalał mu jeść ani pić.

El toro intentó comer brotes tiernos de abedul y hojas de sauce.

Byk próbował zjeść młode pędy brzozy i liście wierzby.

Pero Buck lo ahuyentó, siempre alerta y siempre atacando.

Ale Buck go odpędził, zawsze czujny i ciągle atakujący.

Incluso ante arroyos que goteaban, Buck bloqueó cada intento de sed.

Nawet w rwących strumieniach Buck blokował każdą próbę ataku.

A veces, desesperado, el toro huía a toda velocidad.

Czasami, w desperacji, byk uciekał na pełnej prędkości.

Buck lo dejó correr, trotando tranquilamente detrás, nunca muy lejos.

Buck pozwolił mu biec, a ten spokojnie kłusował tuż za nim, nigdy za daleko.

Cuando el alce se detuvo, Buck se acostó, pero se mantuvo listo.

Kiedy łoś się zatrzymał, Buck położył się, ale pozostał gotowy.

Si el toro intentaba comer o beber, Buck atacaba con toda furia.

Jeśli byk próbował jeść lub pić, Buck atakował z całą furią.

La gran cabeza del toro se hundió aún más bajo sus enormes astas.

Ogromna głowa byka opadała coraz niżej pod jego wielkim porożem.

Su paso se hizo más lento, el trote se hizo pesado, un paso tambaleante.

Jego tempo zwolniło, kłus stał się ciężki; chód stał się potykającym się krokiem.

A menudo se quedaba quieto con las orejas caídas y la nariz pegada al suelo.

Często stał nieruchomo z opadniętymi uszami i nosem przy ziemi.

Durante esos momentos, Buck se tomó tiempo para beber y descansar.

W tych chwilach Buck poświęcał czas na picie i odpoczynek.

Con la lengua afuera y los ojos fijos, Buck sintió que la tierra estaba cambiando.

Buck wystawił język i utkwił wzrok w ziemi i wyczuł, że ziemia się zmienia.

Sintió algo nuevo moviéndose a través del bosque y el cielo.

Wyczuł, że coś nowego porusza się w lesie i na niebie.

A medida que los alces regresaban, también lo hacían otras criaturas salvajes.

Gdy powróciły łosie, powróciły również inne dzikie zwierzęta.

La tierra se sentía viva, con presencia, invisible pero fuertemente conocida.

Ziemia tętniła życiem, była niewidzialna, ale silnie znana.

No fue por el sonido, ni por la vista, ni por el olfato que Buck supo esto.

Buck nie wiedział tego po dźwięku, wzroku ani zapachu.

Un sentimiento más profundo le decía que nuevas fuerzas estaban en movimiento.

Głębsze przeczucie podpowiadało mu, że nadchodzą nowe siły.

Una vida extraña se agitaba en los bosques y a lo largo de los arroyos.

W lasach i wzdłuż strumieni tętniło dziwne życie.

Decidió explorar este espíritu, después de que la caza se completara.

Postanowił zbadać tego ducha po zakończeniu polowania.

Al cuarto día, Buck finalmente logró derribar al alce.

Czwartego dnia Buckowi w końcu udało się upolować łosia.

Se quedó junto a la presa durante un día y una noche enteros, alimentándose y descansando.

Pozostawał przy upolowanej zwierzynie przez cały dzień i noc, jedząc i odpoczywając.

Comió, luego durmió, luego volvió a comer, hasta que estuvo fuerte y lleno.

Zjadł, potem poszedł spać, potem znowu jadł, aż był silny i pełny.

Cuando estuvo listo, regresó hacia el campamento y Thornton.

Gdy był gotowy, zawrócił w stronę obozu i Thornton.

Con ritmo constante, inició el largo viaje de regreso a casa.

Stałym tempem rozpoczął długą podróż powrotną do domu.

Corría con su incansable galope, hora tras hora, sin desviarse jamás.

Biegł swoim niestrudzonym tempem, godzinami i ani razu nie zboczył z trasy.

A través de tierras desconocidas, se movió recto como la aguja de una brújula.

Przez nieznane krainy poruszał się prosto jak igła kompasu.

Su sentido de la orientación hacía que el hombre y el mapa parecieran débiles en comparación.

W porównaniu z nim człowiek i mapa wydawały się słabe.

A medida que Buck corría, sentía con más fuerza la agitación en la tierra salvaje.

Im bardziej Buck biegł, tym mocniej odczuwał poruszenie w dzikiej krainie.

Era un nuevo tipo de vida, diferente a la de los tranquilos meses de verano.

To był zupełnie nowy rodzaj życia, niepodobny do tego, jakie znaliśmy z spokojnych letnich miesięcy.

Este sentimiento ya no llegaba como un mensaje sutil o distante.

To uczucie nie było już subtelnym i odległym przekazem.

Ahora los pájaros hablaban de esta vida y las ardillas parloteaban sobre ella.

Ptaki opowiadały o tym życiu, a wiewiórki o nim ćwierkały.

Incluso la brisa susurraba advertencias a través de los árboles silenciosos.

Nawet wiatr szeptał ostrzeżenia przez ciche drzewa.

Varias veces se detuvo y olió el aire fresco de la mañana.

Kilkakrotnie zatrzymywał się i wdychał świeże poranne powietrze.

Allí leyó un mensaje que le hizo avanzar más rápido.

Przeczytał tam wiadomość, która sprawiła, że skoczył naprzód jeszcze szybciej.

Una fuerte sensación de peligro lo llenó, como si algo hubiera salido mal.

Ogarnęło go silne poczucie zagrożenia, jakby coś poszło nie tak.

Temía que se avecinara una calamidad, o que ya hubiera ocurrido.

Obawiał się, że nieszczęście nadejdzie — albo że już nadeszło.

Cruzó la última cresta y entró en el valle de abajo.

Przekroczył ostatni grzbiet i wszedł w dolinę poniżej.

Se movió más lentamente, alerta y cauteloso con cada paso.

Poruszał się wolniej, był czujniejszy i ostrożniejszy z każdym krokiem.

A tres millas de distancia encontró un nuevo rastro que lo hizo ponerse rígido.

Trzy mile dalej znalazł świeży ślad, który sprawił, że zesztywniał.

El cabello de su cuello se onduló y se erizó en señal de alarma.

Włosy na jego szyi zjeżyły się i zjeżyły ze strachu.

El sendero conducía directamente al campamento donde Thornton esperaba.

Szlak wiódł prosto do obozowiska, gdzie czekał Thornton.

Buck se movió más rápido ahora, su paso era silencioso y rápido.

Buck poruszał się teraz szybciej, jego kroki były jednocześnie ciche i szybkie.

Sus nervios se tensaron al leer señales que otros no verían.

Jego nerwy napinały się, gdy czytał znaki, które inni mogli przegapić.

Cada detalle del recorrido contaba una historia, excepto la pieza final.

Każdy szczegół na szlaku opowiadał historię — z wyjątkiem ostatniego fragmentu.

Su nariz le contaba sobre la vida que había transcurrido por allí.

Jego nos opowiedział mu o życiu, które tu przeminęło.

El olor le dio una imagen cambiante mientras lo seguía de cerca.

Zapach ten nadał mu zmieniający się obraz, gdy podążał tuż za nim.

Pero el bosque mismo había quedado en silencio; anormalmente quieto.

Lecz w samym lesie zapanowała cisza; nienaturalna nieruchomość.

Los pájaros habían desaparecido, las ardillas estaban escondidas, silenciosas y quietas.

Ptaki zniknęły, wiewiórki się ukryły, były ciche i nieruchome.

Sólo vio una ardilla gris, tumbada sobre un árbol muerto.

Zobaczył tylko jedną szarą wiewiórkę, leżącą płasko na martwym drzewie.

La ardilla se mimetizó, rígida e inmóvil como una parte del bosque.

Wiewiórka wtopiła się w tłum, sztywna i nieruchoma, niczym część lasu.

Buck se movía como una sombra, silencioso y seguro entre los árboles.

Buck poruszał się niczym cień, cicho i pewnie wśród drzew.

Su nariz se movió hacia un lado como si una mano invisible la tirara.

Jego nos drgnął na bok, jakby pociągała go jakaś niewidzialna ręka.

Se giró y siguió el nuevo olor hasta lo profundo de un matorral.

Odwrócił się i podążył za nowym zapachem głęboko w gąszcz.

Allí encontró a Nig, que yacía muerto, atravesado por una flecha.

Tam znalazł Niga, leżącego martwego, przebitego strzałą.

La flecha atravesó su cuerpo y aún se le veían las plumas.

Strzała przeszła na wylot przez jego ciało, a pióra wciąż były widoczne.

Nig se arrastró hasta allí, pero murió antes de llegar para recibir ayuda.

Nig dotarł tam o własnych siłach, ale zmarł zanim zdążył wezwać pomoc.

Cien metros más adelante, Buck encontró otro perro de trineo.

Sto metrów dalej Buck spotkał kolejnego psa zaprzęgowego.

Era un perro que Thornton había comprado en Dawson City.

Był to pies, którego Thornton kupił w Dawson City.

El perro se encontraba en una lucha a muerte, agitándose con fuerza en el camino.

Pies toczył walkę na śmierć i życie, rzucając się z całych sił na szlaku.

Buck pasó a su alrededor, sin detenerse, con los ojos fijos hacia adelante.

Buck ominął go, nie zatrzymując się, ze wzrokiem utkwionym przed siebie.

Desde la dirección del campamento llegaba un canto distante y rítmico.

Z obozu dobiegał daleki, rytmiczny śpiew.

Las voces subían y bajaban en un tono extraño, inquietante y cantarín.

Głosy wznosiły się i opadały, tworząc dziwny, niesamowity, śpiewny ton.

Buck se arrastró hacia el borde del claro en silencio.

Buck w milczeniu podpełzł na skraj polany.

Allí vio a Hans tendido boca abajo, atravesado por muchas flechas.

Tam zobaczył Hansa leżącego twarzą do dołu, przebitego wieloma strzałami.

Su cuerpo parecía el de un puercoespín, erizado de plumas.

Jego ciało przypominało jeżozwierza, najeżone pierzastymi trzonkami.

En ese mismo momento, Buck miró hacia la cabaña en ruinas.

W tym samym momencie Buck spojrzał w stronę zniszczonego domku.

La visión hizo que se le erizara el pelo de la nuca y de los hombros.

Ten widok sprawił, że włosy stanęły mu dęba na szyi i ramionach.

Una tormenta de furia salvaje recorrió todo el cuerpo de Buck.

Burza dzikiej wściekłości ogarnęła całe ciało Bucka.

Gruñó en voz alta, aunque no sabía que lo había hecho.

Warknął głośno, choć nie był tego świadomy.

El sonido era crudo, lleno de furia aterradora y salvaje.

Dźwięk był surowy, pełen przerażającej, dzikiej furii.

Por última vez en su vida, Buck perdió la razón ante la emoción.

Po raz ostatni w życiu Buck stracił rozum na rzecz emocji.

Fue el amor por John Thornton lo que rompió su cuidadoso control.

To właśnie miłość do Johna Thorntona złamała jego staranną kontrolę.

Los Yeehats estaban bailando alrededor de la cabaña de abetos en ruinas.

Yeehatsowie tańczyli wokół zniszczonego świerkowego domku.

Entonces se escuchó un rugido y una bestia desconocida cargó hacia ellos.

Potem rozległ się ryk i nieznana bestia rzuciła się w ich stronę.

Era Buck; una furia en movimiento; una tormenta viviente de venganza.

To był Buck; furia w ruchu; żywa burza zemsty.

Se arrojó en medio de ellos, loco por la necesidad de matar.

Rzucił się między nich, oszalały z potrzeby zabijania.

Saltó hacia el primer hombre, el jefe Yeehat, y acertó.

Rzucił się na pierwszego mężczyznę, wodza Yeehatów, i uderzył celnie.

Su garganta fue desgarrada y la sangre brotó a chorros.

Jego gardło było rozerwane, a krew tryskała strumieniem.

Buck no se detuvo, sino que desgarró la garganta del siguiente hombre de un salto.

Buck nie zatrzymał się, lecz jednym skokiem rozerwał gardło następnego mężczyzny.

Era imparable: desgarraba, cortaba y nunca se detenía a descansar.

Był niepowstrzymany – rozrywał, rąbał i nigdy nie odpoczywał.

Se lanzó y saltó tan rápido que sus flechas no pudieron tocarlo.

Rzucił się i skoczył tak szybko, że ich strzały nie mogły go dosięgnąć.

Los Yeehats estaban atrapados en su propio pánico y confusión.

Yeehatsowie ogarnęła panika i dezorientacja.

Sus flechas no alcanzaron a Buck y se alcanzaron entre sí.

Ich strzały chybiły Bucka i trafiły się w siebie.

Un joven le lanzó una lanza a Buck y golpeó a otro hombre.

Jeden z młodzieńców rzucił włócznią w Bucka i trafił innego mężczyznę.

La lanza le atravesó el pecho y la punta le atravesó la espalda.

Włócznia przebiła mu klatkę piersiową, a jej ostrze przebiło plecy.

El terror se apoderó de los Yeehats y se retiraron por completo.

Yeehatów ogarnęła panika i natychmiast się wycofali.

Gritaron al Espíritu Maligno y huyeron hacia las sombras del bosque.

Krzyczeli, że jest Zły Duch i uciekli w cienie lasu.

En verdad, Buck era como un demonio mientras perseguía a los Yeehats.

Buck naprawdę zachowywał się jak demon, ścigając Yeehatów.

Él los persiguió a través del bosque, derribándolos como si fueran ciervos.

Pobiegł za nimi przez las i powalił ich jak jelenie.

Se convirtió en un día de destino y terror para los asustados Yeehats.

Dla przestraszonych Yeehatów stał się to dzień losu i grozy.

Se dispersaron por toda la tierra, huyendo lejos en todas direcciones.

Rozproszyli się po całym kraju, uciekając w każdym kierunku.

Pasó una semana entera antes de que los últimos supervivientes se reunieran en un valle.

Minął cały tydzień, zanim ostatni ocaleni spotkali się w dolinie.

Sólo entonces contaron sus pérdidas y hablaron de lo sucedido.

Dopiero wtedy policzyli straty i opowiedzieli, co się wydarzyło.

Buck, después de cansarse de la persecución, regresó al campamento en ruinas.

Buck, zmęczywszy się pościgiem, powrócił do zniszczonego obozu.

Encontró a Pete, todavía en sus mantas, muerto en el primer ataque.

Znalazł Pete'a, nadal zawiniętego w koc, zabitego w pierwszym ataku.

Las señales de la última lucha de Thornton estaban marcadas en la tierra cercana.

W pobliżu na ziemi widać ślady ostatniej walki Thorntona.

Buck siguió cada rastro, olfateando cada marca hasta un punto final.

Buck podążał każdym śladem, węsząc każdy znak aż do ostatniego punktu.

En el borde de un estanque profundo, encontró al fiel Skeet, tumbado inmóvil.

Na skraju głębokiego basenu znalazł wiernego Skeeta, leżącego nieruchomo.

La cabeza y las patas delanteras de Skeet estaban en el agua, inmóviles por la muerte.

Głowa i przednie łapy Skeeta znajdowały się w wodzie, nieruchome, gdy umarł.

La piscina estaba fangosa y contaminada por el agua que salía de las compuertas.

Basen był błotnisty i zanieczyszczony ściekami ze śluz.

Su superficie nublada ocultaba lo que había debajo, pero Buck sabía la verdad.

Jego chmurzasta powierzchnia ukrywała to, co znajdowało się pod spodem, ale Buck znał prawdę.

Siguió el rastro del olor de Thornton hasta la piscina, pero el olor no lo condujo a ningún otro lugar.

Podążył za zapachem Thorntona do basenu, ale zapach nie prowadził nigdzie indziej.

No había ningún olor que indicara que salía, solo el silencio de las aguas profundas.

Nie było czuć żadnego zapachu, tylko cisza głębokiej wody.

Buck permaneció todo el día cerca de la piscina, paseando de un lado a otro del campamento con tristeza.

Buck cały dzień przebywał przy basenie i pogrążony w smutku przechadzał się po obozie.

Vagaba inquieto o permanecía sentado en silencio, perdido en pesados pensamientos.

Wędrował niespokojnie albo siedział w bezruchu, pogrążony w głębokich myślach.

Él conocía la muerte; el fin de la vida; la desaparición de todo movimiento.

Znał śmierć, koniec życia, zanik wszelkiego ruchu.

Comprendió que John Thornton se había ido y que nunca regresaría.

Zrozumiał, że John Thornton odszedł i nigdy nie wróci.

La pérdida dejó en él un vacío que palpitaba como el hambre.

Strata pozostawiła w nim pustkę, która pulsowała jak głód.

Pero ésta era un hambre que la comida no podía calmar, por mucho que comiera.

Ale głód ten nie mógł zostać zaspokojony jedzeniem, bez względu na to, ile zjadł.

A veces, mientras miraba a los Yeehats muertos, el dolor se desvanecía.

Czasami, gdy patrzył na martwych Yeehatów, ból ustępował.

Y entonces un orgullo extraño surgió dentro de él, feroz y completo.

A potem w jego wnętrzu narodziła się dziwna duma, dzika i całkowita.

Había matado al hombre, la presa más alta y peligrosa de todas.

Zabił człowieka, najgorszą i najniebezpieczniejszą ze wszystkich gier.

Había matado desafiando la antigua ley del garrote y el colmillo.

Zabił wbrew starożytnemu prawu pałki i kłów.

Buck olió sus cuerpos sin vida, curioso y pensativo.

Buck powąchał ich martwe ciała, ciekawy i zamyślony.

Habían muerto con tanta facilidad, mucho más fácil que un husky en una pelea.

Zginęli tak łatwo – o wiele łatwiej niż husky w walce.

Sin sus armas, no tenían verdadera fuerza ni representaban una amenaza.

Bez broni nie mieli prawdziwej siły i nie stanowili żadnego zagrożenia.

Buck nunca volvería a temerles, a menos que estuvieran armados.

Buck nigdy więcej nie miał się ich bać, chyba że byli uzbrojeni.

Sólo tenía cuidado cuando llevaban garrotes, lanzas o flechas.

Uważał tylko wtedy, gdy mieli przy sobie maczugi, włócznie lub strzały.

Cayó la noche y la luna llena se elevó por encima de las copas de los árboles.

Zapadła noc, a księżyc w pełni wzniósł się wysoko nad czubkami drzew.

La pálida luz de la luna bañaba la tierra con un resplandor suave y fantasmal, como el del día.

Blade światło księżyca skąpało ziemię w miękkim, upiornym blasku, niczym w dzień.

A medida que la noche avanzaba, Buck seguía de luto junto al estanque silencioso.

Gdy noc robiła się coraz ciemniejsza, Buck wciąż pogrążony był w żałobie nad cichym basenem.

Entonces se dio cuenta de que había un movimiento diferente en el bosque.

Wtedy zauważył w lesie jakieś dziwne poruszenie.

El movimiento no provenía de los Yeehats, sino de algo más antiguo y más profundo.

To poruszenie nie pochodziło od Yeehatów, ale od czegoś starszego i głębszego.

Se puso de pie, con las orejas levantadas y la nariz palpando la brisa con cuidado.

Wstał, nastawił uszy i ostrożnie sprawdził nosem wiatr.

Desde lejos llegó un grito débil y agudo que rompió el silencio.

Z oddali dobiegł słaby, ostry krzyk, który przeciął ciszę.

Luego, un coro de gritos similares siguió de cerca al primero.

Potem zaraz po pierwszym okrzyku rozległ się chór podobnych okrzyków.

El sonido se acercaba cada vez más y se hacía más fuerte a cada momento que pasaba.

Dźwięk był coraz głośniejszy i zbliżał się z każdą chwilą.

Buck conocía ese grito: venía de ese otro mundo en su memoria.

Buck znał ten krzyk — dochodził z innego świata w jego pamięci.

Caminó hasta el centro del espacio abierto y escuchó atentamente.

Podszedł do środka otwartej przestrzeni i uważnie nasłuchiwał.

El llamado resonó, múltiple y más poderoso que nunca.

Wezwanie zabrzmiało głośno i potężniej niż kiedykolwiek.

Y ahora, más que nunca, Buck estaba listo para responder a su llamado.

I teraz, bardziej niż kiedykolwiek, Buck był gotowy odpowiedzieć na swoje powołanie.

John Thornton había muerto y ya no tenía ningún vínculo con el hombre.

John Thornton nie żył i nie czuł już żadnego związku z człowiekiem.

El hombre y todos sus derechos humanos habían desaparecido: él era libre por fin.

Człowiek i wszelkie ludzkie roszczenia zniknęły – w końcu był wolny.

La manada de lobos estaba persiguiendo carne como lo hicieron alguna vez los Yeehats.

Stado wilków polowało na mięso, tak jak kiedyś robili to Yeehatowie.

Habían seguido a los alces desde las tierras boscosas.

Podążali za łosiami schodzącymi z zalesionych terenów.

Ahora, salvajes y hambrientos de presa, cruzaron hacia su valle.

Teraz, dzicy i głodni zdobyczy, weszli do jego doliny.

Llegaron al claro iluminado por la luna, fluyendo como agua plateada.

Wyszli na rozświetloną księżycem polanę, płynąc niczym srebrzysta woda.

Buck permaneció quieto en el centro, inmóvil y esperándolos.

Buck stał nieruchomo na środku, czekając na nich.

Su tranquila y gran presencia dejó a la manada en un breve silencio.

Jego spokojna, duża postać wprawiła w osłupienie stado, które na chwilę zamilkło.

Entonces el lobo más atrevido saltó hacia él sin dudarlo.

Wtedy najodważniejszy wilk bez wahania rzucił się prosto na niego.

Buck atacó rápidamente y rompió el cuello del lobo de un solo golpe.

Buck uderzył szybko i jednym ciosem złamał kark wilka.

Se quedó inmóvil nuevamente mientras el lobo moribundo se retorcía detrás de él.

Znów stanął bez ruchu, gdy umierający wilk kręcił się za nim.

Tres lobos más atacaron rápidamente, uno tras otro.

Trzy kolejne wilki zaatakowały szybko, jeden po drugim.

Todos retrocedieron sangrando, con la garganta o los hombros destrozados.

Każdy z nich wycofywał się krwawiąc, z podciętymi gardłami i ramionami.

Eso fue suficiente para que toda la manada se lanzara a una carga salvaje.

To wystarczyło, by całe stado rzuciło się do dzikiej szarży.

Se precipitaron juntos, demasiado ansiosos y apiñados para golpear bien.

Wpadli razem, zbyt chętni i stłoczeni, by uderzyć skutecznie.

La velocidad y habilidad de Buck le permitieron mantenerse por delante del ataque.

Szybkość i umiejętności Bucka pozwoliły mu wyprzedzić atak.

Giró sobre sus patas traseras, chasqueando y golpeando en todas direcciones.

Obrócił się na tylnych nogach, kłapiąc i uderzając we wszystkich kierunkach.

Para los lobos, esto parecía como si su defensa nunca se abriera ni flaqueara.

Dla wilków wyglądało to tak, jakby jego obrona w ogóle się nie otworzyła lub osłabła.

Se giró y atacó tan rápido que no pudieron alcanzarlo.

Odwrócił się i ciął tak szybko, że nie mogli się za nim ukryć.

Sin embargo, su número le obligó a ceder terreno y retroceder.

Jednakże ich przewaga zmusiła go do ustąpienia i wycofania się.

Pasó junto a la piscina y bajó al lecho rocoso del arroyo.

Minął basen i zszedł w dół, ku kamienistemu korytu strumienia.

Allí se topó con un empinado banco de grava y tierra.

Tam natknął się na stromą skarpę żwiru i brudu.

Se metió en un rincón cortado durante la antigua excavación de los mineros.

Wcisnął się w narożnik wykopany przez górników.

Ahora, protegido por tres lados, Buck se enfrentaba únicamente al lobo frontal.

Chroniony z trzech stron Buck musiał stawić czoła tylko wilkowi z przodu.

Allí se mantuvo a raya, listo para la siguiente ola de asalto.

Tam stał w odosobnieniu, gotowy na kolejną falę ataku.

Buck se mantuvo firme con tanta fiereza que los lobos retrocedieron.

Buck bronił swojej pozycji tak zaciekle, że wilki się wycofały.

Después de media hora, estaban agotados y visiblemente derrotados.

Po pół godzinie byli wyczerpani i widocznie pokonani.

Sus lenguas colgaban y sus colmillos blancos brillaban a la luz de la luna.

Ich języki były wysunięte, a białe kły błyszczały w świetle księżyca.

Algunos lobos se tumbaron, con la cabeza levantada y las orejas apuntando hacia Buck.

Niektóre wilki położyły się, podnosząc głowy i nastawiając uszy w stronę Bucka.

Otros permanecieron inmóviles, alertas y observando cada uno de sus movimientos.

Inni stali nieruchomo, czujni i obserwowali każdy jego ruch.

Algunos se acercaron a la piscina y bebieron agua fría.

Kilku poszło do basenu i chłeptało zimną wodę.

Entonces un lobo gris, largo y delgado, se acercó sigilosamente.

Wtedy jeden długi, chudy, szary wilk delikatnie podkradł się do przodu.

Buck lo reconoció: era el hermano salvaje de antes.

Buck rozpoznał go — to był ten sam dziki brat, co wcześniej.

El lobo gris gimió suavemente y Buck respondió con un gemido.

Szary wilk zaskomlał cicho, a Buck odpowiedział mu tym samym.

Se tocaron las narices, en silencio y sin amenaza ni miedo.

Dotykali się nosami, cicho, bez groźby czy strachu.

Luego vino un lobo más viejo, demacrado y lleno de cicatrices por muchas batallas.

Następnie pojawił się starszy wilk, wychudzony i poznaczony bliznami odniesionymi w wielu bitwach.

Buck empezó a gruñir, pero se detuvo y olió la nariz del viejo lobo.

Buck zaczął warczeć, ale zatrzymał się i powąchał nos starego wilka.

El viejo se sentó, levantó la nariz y aulló a la luna.

Starzec usiadł, podniósł nos i zawył do księżyca.

El resto de la manada se sentó y se unió al largo aullido.

Reszta watahy usiadła i przyłączyła się do długiego wycia.

Y ahora el llamado llegó a Buck, inconfundible y fuerte.

I oto Buck usłyszał wezwanie, nieomylne i mocne.

Se sentó, levantó la cabeza y aulló con los demás.

Usiadł, podniósł głowę i zawył razem z innymi.

Cuando terminaron los aullidos, Buck salió de su refugio rocoso.

Kiedy wycie ucichło, Buck wyszedł ze swego kamiennego schronienia.

La manada se cerró a su alrededor, olfateando con amabilidad y cautela.

Stado zamknęło się wokół niego, węsząc jednocześnie życzliwie i ostrożnie.

Entonces los líderes dieron un grito y salieron corriendo hacia el bosque.

Wtedy przywódcy wydali okrzyk i pobiegli do lasu.

Los demás lobos los siguieron, aullando a coro, salvajes y rápidos en la noche.

Pozostałe wilki podążyły za nimi, wyjąc chórem, dziko i szybko w nocy.

Buck corrió con ellos, al lado de su hermano salvaje, aullando mientras corría.

Buck biegł razem z nimi, obok swego dzikiego brata, wyjąc w trakcie biegu.

Aquí la historia de Buck llega bien a su fin.

Tutaj historia Bucka dobiega końca.

En los años siguientes, los Yeehat notaron lobos extraños.

W kolejnych latach Yeehatowie zaczęli zauważać dziwne wilki.

Algunos tenían la cabeza y el hocico de color marrón y el pecho de color blanco.

Niektóre miały brązowe głowy i pyski, a białe klatki piersiowe.

Pero aún más temían una figura fantasmal entre los lobos.

Ale jeszcze bardziej bali się widmowej postaci pośród wilków.

Hablaban en susurros del Perro Fantasma, líder de la manada.

Szeptem rozmawiali o Psie Duchu, przywódcy stada.

Este perro fantasma tenía más astucia que el cazador Yeehat más audaz.

Ten Pies Duch był bardziej przebiegły niż najodważniejszy łowca Yeehatów.

El perro fantasma robó de los campamentos en pleno invierno y destrozó sus trampas.

W środku zimy duchy psów kradły obozy i rozrywały pułapki.

El perro fantasma mató a sus perros y escapó de sus flechas sin dejar rastro.

Duch psa zabił ich psy i uniknął strzał bez śladu.

Incluso sus guerreros más valientes temían enfrentarse a este espíritu salvaje.

Nawet ich najdzielniejsi wojownicy bali się stawić czoła temu dzikiemu duchowi.

No, la historia se vuelve aún más oscura a medida que pasan los años en la naturaleza.

Nie, historia staje się coraz mroczniejsza, im więcej lat mija na wolności.

Algunos cazadores desaparecen y nunca regresan a sus campamentos distantes.

Niektórzy myśliwi znikają i nigdy nie wracają do swoich odległych obozów.

Otros aparecen con la garganta abierta, muertos en la nieve.

Innych znaleziono zabitych na śniegu, z rozerwanymi gardłami.

Alrededor de sus cuerpos hay huellas más grandes que las que cualquier lobo podría dejar.

Na ich ciałach widać ślady — większe, niż mógłby zostawić jakikolwiek wilk.

Cada otoño, los Yeehats siguen el rastro del alce.

Każdej jesieni Yeehats podążają śladami łosia.

Pero evitan un valle con el miedo grabado en lo profundo de sus corazones.

Jednak unikają jednej doliny, bo strach głęboko zapisał się w ich sercach.

Dicen que el valle fue elegido por el Espíritu Maligno para vivir.

Mówią, że dolinę tę wybrał Zły Duch na swój dom.

Y cuando se cuenta la historia, algunas mujeres lloran junto al fuego.

A gdy opowieść została opowiedziana, niektóre kobiety płakały przy ogniu.

Pero en verano, un visitante llega a ese tranquilo valle sagrado.

Ale latem do tej spokojnej, świętej doliny przybywa pewien turysta.

Los Yeehats no saben de él, ni tampoco pueden entenderlo.

Yeehatowie nie wiedzą o nim i nie są w stanie go zrozumieć.

El lobo es grande, revestido de gloria, como ningún otro de su especie.

Wilk jest wielki, okryty chwałą, jak żaden inny w jego gatunku.

Él solo cruza el bosque verde y entra en el claro.

On sam wychodzi z zielonego lasu i wchodzi na polanę leśną.

Allí, el polvo dorado de los sacos de piel de alce se filtra en el suelo.

Tam złoty pył z worków ze skóry łosia wsiąka w glebę.

La hierba y las hojas viejas han ocultado el amarillo al sol.

Trawa i stare liście zasłoniły żółty kolor przed słońcem.

Aquí, el lobo permanece en silencio, pensando y recordando.

Tutaj wilk stoi w ciszy, rozmyśla i wspomina.

Aúlla una vez, largo y triste, antes de darse la vuelta para irse.

Wyje raz — długo i żałośnie — zanim odwraca się, by odejść.

Pero no siempre está solo en la tierra del frío y la nieve.

Jednak nie zawsze jest sam w krainie zimna i śniegu.

Cuando las largas noches de invierno descienden sobre los valles inferiores.

Gdy długie zimowe noce zapadają w dolinach.

Cuando los lobos persiguen a la presa a través de la luz de la luna y las heladas.

Kiedy wilki podążają za zwierzyną w świetle księżyca i mrozie.

Luego corre a la cabeza del grupo, saltando alto y salvajemente.

Następnie biegnie na czele grupy, skacząc wysoko i dziko.

Su figura se eleva sobre las demás y su garganta está llena de canciones.

Jego sylwetka góruje nad pozostałymi, a gardło rozbrzmiewa pieśnią.

Es la canción del mundo más joven, la voz de la manada.

To pieśń młodego świata, głos stada.

Canta mientras corre: fuerte, libre y eternamente salvaje.

Śpiewa podczas biegu – silny, wolny i wiecznie dziki.